भारत-भारती

मैथिलीशरण गुप्त

भूमिका

प्रो. सुधीश पचौरी

वाणी
प्रकाशन

प्रकाशन के उत्कृष्टतम 63 वर्ष

vaniprakashan.com

सजिल्द पहला संस्करण : 2026

वाणी प्रकाशन

4695, 21-ए, दरियागंज, नयी दिल्ली-110 002

फ़ोन : + 91 11 23273167, 23275710

शाखाएँ

अशोक राजपथ, पटना-800 004, बिहार

कॉफ़ी हाउस कैम्पस, महात्मा गांधी मार्ग, प्रयागराज-211 001, उत्तर प्रदेश

महात्मा गांधी अन्तरराष्ट्रीय हिन्दी विश्वविद्यालय, वर्धा-442 001, महाराष्ट्र

sales@vaniprakashan.in

vaniprakashan@gmail.com

Bharat-Bharti

by Maithilisharan gupt

ISBN : 978-93-7276-612-7

Poetry Collection

मूल्य : ₹ 495

जी.एस. ऑफ़सेट, दिल्ली-110 095 में मुद्रित

वाणी प्रकाशन का लोगो मक़बूल फ़िदा हुसैन की कूची से

अनुक्रम

'भारत-भारती' को पढ़ते हुए

'भारत-भारती' का प्रकाशन 1912 में हुआ। उसे लिखने का आग्रह गुप्त जी के एक प्रशंसक स्थानीय नरेश ने किया।

नरेश का आग्रह था गुप्त जी उर्दू भाषा में लिखे गये हाली के 'मुसद्दस' (1879 में प्रकाशित) की तरह का एक काव्य हिन्दी में लिखें जिसमें भारत के अतीत के गौरव का वर्णन हो, उसके पतन के कारणों की चर्चा हो जो भारतवासियों को उनके भावी कर्तव्यबोध के बारे में सजग करे।

हाली का मुसद्दस इसी तरह से मुसलमान क़ौम के उत्थान-पतन और आगे के कर्तव्यबोध को जगाने वाला रहा। इसे लिखने की प्रेरणा 'सर सैयद' ने दी थी जो स्वयं दो राष्ट्र सिद्धान्त के हामी थे, जो मानते थे कि हिन्दू-मुसलमान अलग-अलग क़ौमें हैं, वे एक साथ नहीं रह सकतीं...

जिस काव्यात्मक शैली में हाली ने मुस्लिम जाति का इतिहास पेश किया है, लगभग उसी तरह की काव्यात्मक शैली में गुप्त जी ने भारत-भारती में हिन्दू जाति का इतिहास लिखा है।

ये दोनों काव्यग्रन्थ अपने वक्त में खूब लोकप्रिय हुए, इनसे बहुतों ने अपना-अपना कर्तव्यबोध जाना। इनका असर बाद के उर्दू-हिन्दी साहित्य पर भी हुआ और आज ये दोनों ग्रन्थ तत्कालीन औपनिवेशिक काल में आरम्भ हुए पुनरुत्थानवादी और पुनर्जागरणवादी ग्रन्थ माने गये।

लेकिन भारतीय समाज की दो बड़ी जातियाँ यानी मुस्लिम व हिन्दू जातियों में पुनरुत्थान और पुनर्जागरण की भावना का स्रोत क्या था इस भावना के जाग्रत होने और उसके साहित्य का विषय बनकर दो ग्रन्थों में ढल जाने के कारण क्या थे ऐसे भावों के असाहित्य में जगने के कारण क्या थे। वे इन जातियों की आत्मप्रेरणा की देन थे या कि ये किसी अन्य द्वारा जाति प्रेरणा से जाग्रत हुए थे जिनके कारण साहित्य में पुनरुत्थान व पुनर्जागरण के भाव

लम्बे अरसे तक प्रकट होते रहे और एक नये किस्म के प्रबोधनात्मक काव्य का प्राकट्य हुआ जो एकदम नया-सा दिखता था और है...

कहने की जरूरत नहीं कि इस साहित्य के ऐसे कारणों के बारे में न हिन्दी में कोई स्पष्टता है न उर्दू साहित्य में कोई स्पष्टता है। उनके बारे में किये गये अध्ययनों को पढ़कर यही लगता है ये पुनरुत्थानवाद व पुनर्जागरणवाद जिसे कहीं हिन्दी में नवजागरण भी कहा है, वह सब इन समाजों के अन्दर से ही आया। वह उपनिवेशकालीन शोषण जैसे उत्पीड़न व दमन, अन्य प्रकार के कथित सांस्कृतिक सुधारों के कारण आया जिनको यहाँ के लोगों ने एक तीसरी जाति अंग्रेजों का अवांछित हस्तक्षेप माना और उसकी प्रतिक्रिया में पुनरुत्थानवादी, पुनर्जागरणवादी साहित्य की लहर पैदा हुई, जो अन्ततः यहाँ के वासियों के मन में देशप्रेम व राष्ट्रवाद की भावनाओं को जगाने वाली हुई, जिनसे आजादी के आन्दोलन को गति मिली। ऐसे काव्यग्रन्थों ने अपनी-अपनी जातियों को पुनर्संगठित किया।

हिन्दी कवि शमशेर बहादुर सिंह ने प्रगतिशील पत्रिका 'नया साहित्य' में 1946 में 'मुसद्दस' और 'भारत-भारती' की सांस्कृतिक भूमिका शीर्षक से एक समीक्षा लिखी।

उन्होंने लिखा—हाली की मशहूर क़ौमी नज़्म 'मुसद्दस' अब से छह पीढ़ी पूर्व और भारत-भारती चार पीढ़ी पूर्व देश की जागरूक भावनाओं की भूमिका प्रस्तुत करती है। दोनों में हमारी संस्कृति के मुख्य आधारों का परिचय देने का प्रयत्न किया गया है। 'मुसद्दस' में मुस्लिम संस्कृति का; 'भारत-भारती' में हिन्दू संस्कृति का।

इन दोनों कविताओं में...जातीय इतिहास का 'वर्तमान' का सच्चा वर्णन, मूल्यांकन और भविष्य के लिए स्पष्ट कर्तव्य-निर्देश हमें दिया। ('मुसद्दस-ए-हाली'/अब्दुल बिस्मिल्लाह द्वारा अनूदित व संकलित, पृ. 17/राजकमल, 2022)

दोनों में कवि अपने पाठक से कहता है कि समय बदल गया है, तुम्हें भी उसके अनुरूप बदल जाना चाहिए, मगर अपनी परम्परा की मर्यादा रखते हुए।

मुसद्दस के बारे में शमशेर कहते हैं, 1857 की क्रान्ति के विफल हो जाने के बाद...क़ौम की हालत तबाह है लेकिन अभी तक ऐसी नज़्म किसी ने नहीं लिखी...अस्तु बुझी हुई तबियत में वलवला सा पैदा हुआ बासी कढ़ी में उबाल आया...

हाली लिखते हैं जिसे शमशेर उद्धृत करते हैं :

पस्ती की हद से गुजरना देखे
इस्लाम का गिरकर न उभरना देखे
माने न कभी कि मद है हर जज्र के बाद
दरिया जो हमारे का उतरना देखे...
...ये जो कुछ हुआ है एक शम्मा है उसका
कि जो वक़्त यारों पे है आने वाला
नहीं गर्चे कुछ क़ौम में हाल बाक़ी
अभी और होना है पामाल बाक़ी...

हाली अपनी क़ौम को जमकर लताड़ते हैं कि किस तरह से क़ौम निकम्मी और डरपोक हो गयी है लेकिन वहीं उनको विकल्प में किसान, मज़दूर और बुद्धिजीवी नज़र आते हैं, जिनकी वे मुक्त कण्ठ से प्रशंसा करते हैं :

इन्हीं का उजाला है हर रह गुज़र में
इन्हीं की यह रौशनी दश्तो दर में

हाली चाहते हैं क़ौम विज्ञान की दुनिया को अपनायें...

...बस अब इल्मो फन के फैलाओ वो सामां
कि नस्लें तुम्हारी बनें जिनसे इन्सां

वे इस्लाम के 'लोकतन्त्रवादी पहलू' को सामने रखते हैं और अपने नबी को 'एक पेशवा' या 'लगभग एक नये राष्ट्र के 'प्रेसीडेंट' का सा दर्जा देते हैं'।

हाली में किसी प्रकार की साम्प्रदायिक संकीर्णता की बू कहीं दूर तक हमें नहीं मिलती...'नबी ने संकीर्णता और विद्वेष से अनुयायियों को दूर रखा...'

इस्लाम के मानने वालों के बारे में हाली कहते हैं :

वे जो हक़ से अपने लिए चाहते हैं
वही हर बशर के लिए चाहते हैं...

मुसद्दस का यह मामूली-सा परिचय इसलिए ज़रूरी रहा ताकि हम 'भारत-भारती' की रचना प्रक्रिया की पृष्ठभूमि को समझ सकें!

शमशेर कहते हैं—वास्तव में भारत-भारती की प्रेरक शक्तियों के पीछे एक युग विशेष की संस्कृतियाँ थीं। उस समय की परिस्थितियों का जन्म उस आन्दोलन से हुआ था जिसकी दो-तीन पीढ़ियाँ बीत चुकी थीं...

राजा राममोहन राय, ईश्वर चन्द्र विद्यासागर, केशव चन्द्र सेन समाज सुधार आन्दोलन का कार्य कर चुके थे जिनका असर बंगाल के बाहर भी नज़र आता है, फिर रामकृष्ण परमहंस, स्वामी विवेकानन्द व दयानन्द सरस्वती, स्वामी रामतीर्थ आदि का 'धार्मिक, आध्यात्मिक, पुनरुत्थानवादी प्रचार बढ़ रहा था...'

'अस्तु, उन्नीसवीं शताब्दी में प्रचलित धर्म सम्बन्धी बहुत से नाम मैथिलीशरण जी के समय तक हिन्दू जनता के संस्कारों में घुल-मिल गये थे...'

एक ओर उत्तर-पश्चिम भारत में आर्यसमाज का प्रचार चल रहा था हिन्दुओं में 'वैदिक युग' और 'आर्य सभ्यता' की गूँज सुनाई पड़ती थी। बहुत कुछ मनुस्मृति का 'सनातनी' पक्ष लिए हुए भी एक प्रगतिशील समन्वय के रूप में भारत-भारती उसी की भावुक प्रतिध्वनि थी...

कवि की आदर्श समाज की परिकल्पना का आधार रामायण-महाभारत कालीन चातुर्वर्णाश्रम है...

'मुसद्दस' और 'भारत-भारती' दोनों अपने वर्ण्य-विषय व उद्देश्य में समान हैं, पर भिन्न देशकाल के प्रभाव, उनके निहित दृष्टिकोण और भावना के रूप में कुछ अन्तर आ गया है।

हाली के समानान्तर साहित्यकार वास्तव में भारतेन्दु हरिश्चन्द्र थे। दोनों की प्रेरक शक्तियाँ वे दो सुधारवादी आन्दोलन हैं जिनके प्रतीक के रूप में राजा राममोहन राय (उनसे लगभग 30 वर्ष बाद) सर सैयद अहमद माने जाते हैं। हिन्दुओं और मुसलमानों की सास्कृतिक नव चेतना में यह तीस-पैंतीस वर्ष का अन्तर हमारी बहुत-सी राष्ट्रीय व साम्प्रदायिक और सांस्कृतिक समस्याओं के मूल में है।

लेकिन दोनों में एक बुनियादी अन्तर भी है : मुसद्दस में आदि से अन्त तक की सारी चिन्ता वर्तमान के ही विषय में है...

भूतकाल के सत्चरित्र...वर्तमान के पतन की ओर संकेत करते हैं और मुस्लिम जाति को सीधे 'उपदेश शुरू' हो जाते हैं। शिक्षा उद्योग पुरुषार्थ के आदर्शों पर ज़ोर दिया जाता है। जाति को उठाकर किस प्रकार उसे प्रगतिशील जातियों के समकक्ष लाया जा सकता है यही हाली की चिन्ता है...

हाली के समय (1879) लोगों के मन में अंग्रेजों के प्रति उतनी कटुता नहीं थी, विक्टोरिया काल में वे राजा से लेकर प्रजा तक सबको सुखी देखते हैं :

हुकूमत ने आज़ादियाँ तुमको दी हैं
तरक़्क़ी की राहें सारी खुली हैं
नहीं बन्द रस्ता किसी कारवाँ का...

इसी तरह गुप्त जी भी 'भारत-भारती' में क्वीन विक्टोरिया की प्रशंसा इन शब्दों में करते हैं :

देते हुए भी कर्मफल हम पर हुई उनकी दया
भेजा प्रसिद्ध उदार जिसने ब्रिटिश राज्य यहाँ नया...

'मुसद्दस' की तुलना में 'भारत-भारती' में भारत के अतीत का गौरव गान जम के किया गया है। यह काव्य तीन खण्डों में विभक्त है। इनमें से पहले भाग में कवि ने अतीत की महानता का, उसकी ऊँचाइयों का, ऐसा गुणगान किया है ताकि तीसरे खण्ड 'भविष्यत' में भारत को फिर से उन्हीं ऊँचाइयों पर पहुँचाया जा सके जो उसने अतीत में प्राप्त की थीं।

कवि की भावनाएँ जितनी अतीत से जुड़ी हैं वर्तमान से नहीं। वर्तमान सर्वथा पतितकाल है। अतीत के सभी खोये हुए आदर्शों, आचरणों, विचारों का संस्थानों को फिर से प्राप्त करने के उपायों पर विचार करने का एक अवसर मात्र है, यही पुनरुत्थान की छटपटाहट है।

शमशेर कहते हैं कि कवि की मूल भावनाएँ अतीत से जितनी बँधी हैं उतनी वर्तमान से नहीं, यद्यपि 'भारत-भारती' में वर्तमान खण्ड विषय की दृष्टि से हिन्दी काव्य में अभी तक आप अपनी मिसाल है...

...अतीत की समाज व्यवस्था कवि को इस हद तक मान्य है कि वह परोक्ष से साधु, सन्त, महन्त, तीर्थ, गुरु, पंडा का औपयोगिक महत्त्व ही नहीं स्वीकार करता है बल्कि उस चतुर्वर्ण व्यवस्था में (मसलन) शूद्रों को भी उसी प्रकार अपनी सेवा में पालन करने के उपदेश देता है (भारत-भारती...पृष्ठ 169-70) जैसे कि अपने-अपने वर्णों की मर्यादा रखते हुए कर्म करने का उपदेश यथाक्रम उसने ब्राह्मण, क्षत्रिय, वैश्य को दिया है...

'भारत-भारती' कवि के भविष्य के लिए एक स्पष्ट दिशा इंगित कर देती है, मानो अतीत में ही हमारे स्वर्णादर्श हैं, अतीत में ही 'राम राज्य' है, स्वर्गिक कार्यकलापों का स्वप्न लोक, वह कर्म भूमि अयोध्या नहीं, साकेत है...

यहीं शमशेर साफ़ कहते हैं कि...भारत-भारती का कवि ब्रिटिश शासन सम्बन्धी विक्टोरियाई धारणाओं को नहीं छोड़ सका...

वह ब्रिटिश दासता का विरोधी है लेकिन वर्ण-व्यवस्था का आदर्श लौटाना चाहता है जबकि पुनरुत्थानवादी-पुनर्जागरणवादी विचार के अनुसार यह वर्ण-व्यवस्था ही गुलामी का और पतन का बड़ा कारण बतायी जाती है।

यों कवि यह जानता है कि दुनिया के विपरीत चल पाना उचित नहीं :

विपरीत विश्व प्रवाह के निज नाव जा सकती नहीं
अब पूर्व की बातें सभी प्रस्ताव पा सकती नहीं...

गुप्त जी जानते हैं कि 'नयी विद्या नये विज्ञान व नये यन्त्रों' के बिना हम परतन्त्र ही रहेंगे :

व्यवसाय अपने व्यर्थ हैं अब नव्य यन्त्रों के बिना
परतन्त्र हैं हम सब कहीं अब भव्य यन्त्रों के बिना
कल के हलों के सामने अब पूर्व हल सब व्यर्थ हैं
उस वाष्प-विद्युत-वेग सम्मुख देह का बल व्यर्थ है
प्राचीन हों कि नवीन छोड़ो रूढ़ियाँ जो हों बुरी
बन कर विवेकी तुम दिखाओ हंस जैसी चातुरी
सर्वत्र एक अपूर्व युग का हो रहा संचार है
देखो दिनोंदिन बढ़ रहा विज्ञान का विस्तार है...

कहने की ज़रूरत नहीं कि भारत-भारती के बारे में लिखी शमशेर की इस टिप्पणी में भारत-भारती के साथ मुसद्दस की चर्चा भी आ गयी है। दोनों में ही अपनी-अपनी क़ौम को लेकर एक गहरा अतीत प्रेम है। दोनों ग्रन्थों में अपनी-अपनी कौमों के उत्थान-पतन को बताया गया है और दोनों ही आज के अपने लोगों को आवाहन करते हैं कि नयी स्थितियों से सीखकर आज के पतन से निकलें और दुनिया की उन्नत क़ौमें (जैसे अंग्रेजों) की तरह आगे बढ़ें...मुसद्दस के एक बड़े हिस्से में अरब और इस्लाम के उत्थान और उसके ज्ञान का वर्णन है फिर उसके पतन का वर्णन है कि जैसे ही अरब का 'सच्चे धर्म' से सम्बन्ध टूटा वैसे ही वह पतन को प्राप्त हुआ और अन्ततः—

रहा दीन बाकी न इस्लाम बाकी
कि इस्लाम का रह गया नाम बाकी (मुसद्दस...76)

फिर वे इस पतन से निकलने के लिए नयी हुकूमत की दी गयी आज़ादी का सहारा लेकर मुसलमानों को नये विज्ञान से लैस होने को कहते हैं।

लगभग ऐसा ही इतिहास बोध भारत-भारती में नज़र आता है। 'भारत-भारती' के आरम्भ (उपक्रमणिका) में ही गुप्त जी कहते हैं :

हम कौन थे क्या हो गये हैं और क्या होंगे अभी
आओ विचारें आज मिलकर ये समस्याएँ सभी
यद्यपि हमें इतिहास अपना प्राप्त पूरा है नहीं
हम कौन थे इस ज्ञान को फिर भी अधूरा है नहीं (भारत-भारत/11)

इससे कुछ पहले वे कह चुके हैं कि एक समय में भारत 'भूलोक का गौरव' था। (भारत-भारती...10) फिर वे 'भारत वर्ष की श्रेष्ठता' का बखान करते हैं :

हाँ वृद्ध भारत वर्ष ही संसार का सिरमौर है
ऐसा पुरातन देश कोई विश्व में क्या और है?

हमारे पुरखे 'धर्म को रखते थे' और 'धर्म उनको रखता था'...

फिर अपने पूर्वजों, उनके महान आदर्शों, आर्यस्त्रियों की महानताओं, भारत की सभ्यता, भारत का 'विश्व गुरु' होना, वेद, उपनिषद, सूत्र ग्रन्थ, दर्शन, गीता, धर्म शास्त्र, रेखागणित, सामुद्रिक, फलित ज्योतिष, भाषा और व्याकरण, वैद्यक, कवि और काव्य, इतिहास, कला कौशल, शिल्प, चित्रकारी, मूर्ति निर्माण, संगीत, अभिनय, हमारी वीरता, शक्ति का उपयोग, राजत्व और शासन, आर्यकाल, अवनति का आरम्भ, महाभारत, अनार्यों का आक्रमण, अवतार, बौद्ध काल, अशोक और गुप्त वंश, जैनमत, मुसलमानों का प्रवेश, जयचन्द और पृथ्वीराज, यवन राजत्व, अत्याचार, प्रशंसा, अकबर (का सत्शासन); औरंगजेब (हा! देखनी हमको पड़ी औरंगजेबी अन्त में/भारत-भारती...66), महाराणा प्रताप सिंह, जौहर, शिवाजी, यवन राजत्व का अन्त, ब्रिटिश राज्य...

इसके बाद 'हमारी दशा' नाम से उस वक़्त की भारतीयों की दशा पर आलोचनात्मक टिप्पणी है कि इतने 'पराभव' पर भी हमारी 'निद्रा' नहीं टूटती है :

पर हाय! अब भी तो नहीं निद्रा हमारी टूटती
कैसी कुटेवें हैं कि जो अब भी नहीं हैं छूटती
बेसुध अभी तक हैं न जाने कौन सा रस है पिया?
देखा बहुत कुछ किन्तु हमने सब बिना देखा किया...(भारत-भारती/72)

फिर वे बाल गायक 'मास्टर मदन' को, 'भीमकर्मा राममूर्ति' के होने को याद करते हैं लेकिन फिर निराशा में डूब जाते हैं कि–

संसार रूप शरीर में जो प्राणरूप प्रसिद्ध था
सब सिद्धियों में जो कभी सम्पूर्णता से सिद्ध था
हा हंत! जीते जी वही अब हो रहा म्रियमाण है
अब लोक रूप मयंक में भारत कलंक समान है (वही/74)

इसके बाद वे 'भारत-भारती' का 'वर्तमान खण्ड' लिखते हैं।

इसमें वे अपने समय के 'दारिद्र्य' व 'दुर्भिक्ष', 'कृषि व कृषकों' की 'दुर्दशा' और 'गोवध' पर कशाघात करते हैं, वे गायों के मुँह से ही उनकी करुण कथा कहलवाते हैं कि–

जारी रहा क्रम यदि यहाँ यों ही हमारे नाश का
तो अस्त समझो सूर्य भारत वर्ष के आकाश का (वही/87)

हम बहुत-सी व्याधियों से घिरे हैं, जब अंग्रेज हृष्ट-पुष्ट नज़र आते हैं हमारा व्यवसाय चौपट है और जो भी चीज़ यहाँ है वह 'मेड इन इंग्लैंड...' है :

जो वस्तु देखो 'मेड इन' इंग्लैंड, इटली, जर्मनी
जापान, फ्रांस, अमेरिका व अन्य देशों की बनी (वही/90)

सब कुछ विदेशी हो चला है 'स्वदेशी' कहीं नहीं दिखती :

केवल विदेशी वस्तु ही क्यों अब स्वदेशी हैं कहाँ?
वह वेश भूषा और भाषा अब स्वदेशी है कहाँ? (वही/90)

एक ओर निरे गरीब लोग हैं दूसरी ओर एक से एक रईस हैं जिनकी सोच है :

तुम मर रहे हो तो मरो तुमसे हमें क्या काम है?
हमको किसी की क्या पड़ी है नाम है धन धाम है (वही/96)

...दो आध सेर कबाब मुझको, एक सेर शराब हो
नूरे जहाँ की सल्तनत है खूब हो कि खराब हो
कहना मुग़ल सम्राट का यह ठीक है अब भी यहाँ
राजा रईसों को प्रजा की है भला परवा कहाँ? (वही/96)

और 'रईसों के सपूत' तो और भी आगे हैं। गुप्त जी उनके बारे में कहते हैं :

अमरीकनों के पात्र जूठे साफ कर पंडित हुए
सच्चे स्वदेशी मान से फिर भी नहीं मंडित हुए (वही/102)

इसके बाद वे 'साहित्य' पर आते हैं और सीधे 'जातीय साहित्य' का आग्रह करते हैं। वे 'नायिका भेद' को पतन का प्रतीक मानते हैं, फिर 'कविता' पर बरसते हैं जिसका उद्देश्य सिर्फ शृंगार रस रह गया है।

फिर वे उपन्यास कला का हिसाब करते हैं कि जो उपन्यास यहाँ 'सुशिक्षाप्रद' कहे जाकर बिक रहे हैं वे 'अविचारों की नींव' पर टिके हैं, उनमें 'दुर्भाव की दुर्गन्ध' फैली है...

और पत्र यानी अखबार? वे 'हठ, पक्षपात और कुत्सा' सिखा रहे हैं और 'दलबन्दियों के फफोले' फोड़ते हैं।

और, 'संगीत' भी समाज को गिराने में लगा है :

कविता तथा संगीत ने हमको गिराया और भी
सच पूछिए तो अब कहीं हमको नहीं है ठौर भी...(वही/107)

'जनसभाएँ' चन्दे बटोरने के लिए हैं और 'उपदेशक' भी पाखंडी हैं और 'धर्म की दशा' और भी दयनीय है। तीर्थ, पंडे, मन्दिर, महन्त साधु-सन्त, ब्राह्मण लोभी हुए जा रहे हैं, क्षत्रिय दुर्व्यसनी हो रहे हैं और 'वैश्य' भी अब 'बनिये' कहाकर वैश्य से 'बक्काल' कहलाने लगे हैं...वही/118 अन्त में वे शूद्र के बारे में कहते हैं कि जब द्विजातियों का अधःपतन हुआ तब 'शूद्र का हाल' कोई क्या कहे...

(यहाँ हम यह स्पष्ट कर देना चाहते हैं कि शूद्र सम्बन्धी जो चार लाइनें गुप्त जी ने लिखी हैं वे 'भारत-भारती' में 'पृष्ठ 111' पर छपी हैं और यहाँ व्यक्त 'जाति सम्बन्धी' विचार गुप्त जी के हैं इस लेखक के नहीं और यह लेखक गुप्त जी द्वारा व्यक्त चार लाइनों से सहमत है।)

फिर वे 'स्त्रियाँ' शीर्षक के अन्तर्गत नारियों की दुर्दशा के बारे में विस्तार से बताते हैं। फिर समाज और फिर 'बेजोड़ विवाह' की कुप्रथा को कोसते हैं, 'अन्ध परम्परावाद' की जमकर आलोचना करते हैं; 'वर-कन्या विक्रय' में 'स्त्रियों' के विक्रय आदि को धिक्कारते हैं। वे 'धनोपार्जन' करने वालों में व्याप्त

अन्ध स्वार्थपरता, लूट-खसोट की जमकर आलोचना करते हैं और धनोपार्जन को नैतिकता से जोड़ते हैं। वे आगे अधिकारवादी, अभियोग(वकालत), दासत्व, नशेबाज़ी, आत्म विस्मृति, मात्सर्य, अनुदारता, गृहकलह, व्यभिचार, आड़म्बर, मतिभ्रंश, गुणों की स्थिति, दुर्गुण, विकृति, अभाव, आदि के बाद 'भारत-भारती' का तीसरा खण्ड 'भविष्यत् खण्ड' आता है।

इसी में गुप्त जी सदियों से सोए हुए भारतवासियों को अपना आलस्य त्यागकर जागने के लिए कहते हैं। रूढ़ियाँ त्यागो, अुनदारता की जगह उदारता लाओ, व्यवहार में प्रेम लाओ। वक़्त बदल गया है आज के नये औज़ारों के आगे पुराने औज़ार व्यर्थ हैं :

कल के हलों के सामने अब पूर्व का हल व्यर्थ है
उस वाष्प-विद्युत्वेग-सम्मुख देह का बल व्यर्थ है (वही/139)

...सर्वत्र एक अपूर्व युग का हो रहा संचार है
देखो दिनों दिन बढ़ रहा विज्ञान का विस्तार है
आओ, उठो क्यों पड़ रहे हो व्यर्थ सोच विचार में
सुख दूर जीना भी कठिन है श्रम बिना संसार मे (वही/139)

....

इस नींद में क्या-क्या हुआ यह भी तुम्हें कुछ ज्ञात है
कितनी यहाँ लूटें हुईं कितना हुआ अपघात है (वही/139)

....

इस नींद में ही तो यवन आकर यहाँ आदृत हुए
जागो न हा! स्वातंत्र्य खोकर अन्त में तुम धृत हुए
इस नींद में ही सब तुम्हारे पूर्व-गौरव हत हुए
अब और कब तक इस तरह सोते रहोगे मृत हुए (वही/140)

अब तुम 'निज धर्म का पालन करो चारों फलों की प्राप्ति हो।' (वही/141)

ध्यान रखो–

यूनान मिसादिक मिटे हैं किन्तु हम अब भी बने
हे आर्य सन्तानो उठो अवसर निकल जावे नहीं...
यद्यपि हमारे मेटने को ठाठ कितने हैं ठने (वही/142)

हे आर्य सन्तानो! उठो अवसर निकल जावे नहीं
देखो बड़ों की बात जग में बिगड़ने पावे नहीं
जग जान ले कि आर्य केवल नाम के ही आर्य हैं
वे नाम के अनुरूप ही करते सदा सत्कार्य हैं (वही/142)

....

ऐसा न हो जो अन्त में चर्चा करें ऐसी सभी—
थी एक हिन्दू नाम की भी निंद्य जाति यहाँ कभी (वही/142)
सब देशानुरागी बनें, सभी स्वदेशी भाव से भरें।
सब भेदभावों को तजो, सब भगवान के आदेश का पालन करो...
ब्राह्मण बढ़ावें बोध को क्षत्रिय बढ़ावें शक्ति को
सब वैश्य निज वाणिज्य को त्यों शूद्र भी अनुरक्ति को (वही/145)

फिर वे चारो वर्णों का आवाहन करते हैं कि वे अपने 'पूर्वजों के तुल्य ज्ञानी बनें'। क्षत्रिय के लिए कहते हैं कि 'वीरो उठो अब तो कुयश की कालिमा को मेट दो' और हे वैश्य! 'अब तो हे बन्धुओ निज देश की जय बोल दो' और हे शूद्रो तुम्हारा व्रत तो 'योगियों तक' को भी 'अलभ्य' है...

रखो न व्यर्थ घृणा कभी निज वर्ण से या नाम से
मत नीच समझो आपको ऊँचे बनो कुछ काम से (वही/147)

फिर वे साधु-सन्तों, कवियों, तीर्थ गुरुओं, नेताओं, नवयुवकों, शिक्षा व राष्ट्रभाषा, स्त्री शिक्षा आदि की क्लास लेते हैं। वे कवियों से तो साफ कहते हैं :

केवल मनोरंजन कवि का धर्म होना चाहिए
उसमें उचित उपदेश का भी मर्म होना चाहिए
क्यों आज 'रामचरितमानस' सब कहीं सम्मान्य है
सत्काव्य-युत उसमें परम आदर्श का प्राधान्य है (वही/149)

अन्त में वे भगवान से प्रार्थना करते हैं कि :

इस देश को हे दीनबन्धु आप फिर अपनाइए
भगवान भारत वर्ष को फिर पुण्य भूमि बनाइए (वही/158)

इस विवेचना से स्पष्ट है कि गुप्त का भारत आर्यभूमि है, वे उसे नये ज्ञान-विज्ञान को अपनाकर फिर से पुण्यभूमि बनाना चाहते हैं। 'भारत-भारती' इसीलिए लिखी गयी है।

अगर हम 'भारत-भारती' और 'मुसद्दस' की तुलना करके देखें तो पायेंगे कि दोनों अपनी-अपनी क़ौमों के पहले उत्थान फिर उनके पतन के बारे में बताती हैं और पतन के कारण भी एक समान नज़र आते हैं कि तुम अपने महान अतीत को भूल गये, प्रमादी हो गये और ग़ुलाम बन गये।

लेकिन गुप्त जी भारत-भारती में अपने महान इतिहास के पतन के कारणों को गिनाते हुए एक बार यवन जाति की बात तो करते हैं लेकिन उस जाति ने यहाँ क्या किया इसे सीधे नहीं कहते, वे भारतवासियों के पतन के कारण आर्यजाति के अपने धर्म को भूल जाने में खोजते हैं और इस जाति के भागी आलसी और अकर्मण्यता की सदियों की नींद में खोजते हैं और प्रकारान्तर से कहते हैं कि जगाया तो बदले हुए युग ने जगाया, यानी ज्ञान-विज्ञान ने जगाया, भाप के इंजन ने जगाया, गति को बढ़ाया यानी प्रकारान्तर से अंग्रेजों ने जगाया। अंग्रेजों ने ही हमें नयी सुविधाएँ दीं, शिक्षा दीं, समानता का बोध दिया। नये बराबरी के अधिकार दिये जो अंग्रेजों के आने से पहले न थे...

भारत-भारती ने जो कहा, उससे जितना कहा उससे अधिक अपनी ख़ामोशियों से कहा। इस तरह भारत-भारती भारत के अतीत से वर्तमान तथा भविष्य तक का एक मोटा नक्शा सा देता है। यह उपनिपेशवाद के बरअक्स सांस्कृतिक विमर्श का नमूना है जो मानो मुसद्दस के जवाब में लिखा-लिखवाया गया है लेकिन ऐसा कहा नहीं गया।

वह वैसा इतिहास नहीं है जैसा कि बताया जाता है बल्कि वह एक प्रकार का नव्य इतिहास है जो संस्कृति के इतिहास को इतिहास की तरह पेश करता है।

इसीलिए वह आर्यजाति/हिन्दू जाति का एक भावात्मक इतिहास है जो अपने महान अतीत को खोजने को लेकर आकुल-व्याकुल है और अपनी जाति की कड़ी आलोचना करने से शुरू होता है और अन्त में फिर उसी पुराने आदर्श को प्राप्त करने के लिए नयी शिक्षा को एक अवसर मानता है और उसके द्वारा दिये जाते बोध का स्वीकार करने के लिए ज़मीन बनाता है।

यही काम मुसद्दस करता है। शमशेर बहादुर सिंह ने मुसद्दस की समीक्षा करते हुए लिखा है कि मुसद्दस को मुसलमानों की एक छोटी-मोटी 'गुटका रामायण' ही समझना चाहिए...

इसी तर्ज़ पर भारत-भारती के लिए कहा जा सकता है कि यह भारत के इतिहास का एक छोटा-मोटा 'काव्यात्मक गुटका' है।

प्राच्यवाद और 'भारत-भारती' व 'मुसद्दस'

'मुसद्दस' हो या 'भारत-भारती' दोनों का प्रकाशन भले ही एक ख़ास तिथि को हुआ हो लेकिन ये एक दिन में नहीं लिखे गये होंगे।

'मुसद्दस' यदि सर सैयद की प्रेरणा से लिखा जाकर 1879 में प्रकाशित हुआ तो 'भारत-भारती' का प्रकाशन एक देशी राजा की प्रेरणा से लिखा जाकर 1912 में प्रकाशित हुआ।

इन दोनों काव्यग्रन्थों में भारत की दो प्रमुख जातियों के अतीत की महानता का बखान, फिर पतन के कारणों का कथन और फिर से उत्थान के लिए प्रयत्न करने का आवाहन की भावना एक दिन में तो पैदा न हो गयी होगी।

ज़ाहिर है कि इसके पीछे कुछ महत्त्वपूर्ण घटनाएँ रहीं जिन्होंने दोनों जातियों को अपनी-अपने इतिहास की खोज के लिए प्रेरित किया। 1857 की क्रान्ति की विफलता, स्वामी विवेकानन्द का अमेरिका जाकर विश्व धार्मिक संसद में ऐतिहासिक सम्बोधन और फिर 1885 में कांग्रेस का निर्माण व 1910 में गांधी जी द्वारा 'हिन्द स्वराज' का प्रकाशन आदि वे घटनाएँ कही जा सकती हैं जो इन दो महत्त्वपूर्ण काव्यों की पृष्ठभूमि रहीं और प्रेरणाएँ बनीं।

लेकिन इनके भी पीछे एक और कारण रहा है जिसे एडवर्ड सईद ने अपने लम्बे अध्ययन के बाद 'ओरियंटलिज्म' (प्राच्यवाद) नाम दिया। सईद के अनुसार 'ओरियंटलिज्म' अपने आप में 'उपनिवेशवादियों' की ही एक ऐसी सोची-समझी योजना थी जिसमें उन्होंने अपनी कॉलोनियों को अपनी नज़रिए से 'परिभाषित' किया ताकि वे उन पर आसानी से अपना शासन चला सकें।

उन्हीं ने यहाँ के अतीत की महानता की खोज की और यहाँ के समाज का बारीकी से अध्ययन किया ताकि वे उसे समझ सकें और 'अधीनों' को उन्हीं के बारे में ऐसे बतायें ताकि अधीन भी उन्हीं के बनाये-बताये 'नक़्शेक़दम' पर चलते हुए उन्हीं के गढ़े हुए अतीत की महानता को फिर से चाह सकें, उनकी कल्पना कर सकें और अपने पतन को समझकर अपना 'पुनरुत्थान' कर सकें। इसके लिए उनके बताये 'सुधारों' से अपना 'जागरण' कर सकें और इस तरह अपना एक बार फिर 'पुनरुत्थान' कर सकें और अन्ततः उन्हीं उपनिवेशवादियों की नक़ल बन सकें।

‘ओरियंटलिज्म’ यानी ‘प्राच्यवाद’ के अनुसार पूरब एक ‘इक्ज़ोटिक’ दुनिया है जो अपने को दुनिया से ‘आला’ समझता है, जो अपने अतीत की ‘महानता’ में रमा रहता है, वह ‘रहस्यात्मक’ है और खुली ‘सेक्सअुलिटी’ वाला है।

आम भाषा में उपनिवेशवादी पश्चिम, पूरब के देशों को जादूगरों का, बाबाओं का, सपेरों का देश यानी असभ्यों का देश मानता था जिसे सभ्य बनाना वह अपनी ज़िम्मेदारी समझता था।

इसीलिए उसने यहाँ अपनी तरह की शिक्षा व्यवस्था की स्थापना की, अपने नज़रिए से बनायी ‘एक क़ानूनी राज’ व ‘विधि विधान’ स्थापित की।

विलियम जोन्स से लेकर मैकॉले तक सभी ने भारत में जो भी किया इसी ‘ओरियंटलिज्म’ के नज़रिए से भारत को ‘परिभाषित’ किया। सामाजिक सुधार किये, समाज को बेहतर तरीक़े से कंट्रोल करने व चलाने के लिए डाकतार, प्रिंटिंग प्रेस, रेलवे, बैंकिंग आदि स्थापित की। फोर्ट विलियम कॉलेज उनकी शिक्षा की पहली प्रयोगशाला बना।

‘ओरियंटलिज्म’ की इस ‘ज़बर्दस्त योजना’ के उपरोक्त विवरण से स्पष्ट है कि ‘भारत-भारती’ हो या ‘मुसद्दस’, दोनों पर ही उक्त ‘ओरियंटलिज्म’ का प्रभाव पड़ा है। उनमें व्यक्त ‘अतीत की महानता का गौरव गान’ और ‘वर्तमान की पराभवता और हीनता’ आदि इसी ‘ओरियंटलिज्म’ का दिया हुआ ‘भाव बोध’ है।

इस सब में अपना वह ‘स्व’ या ‘स्वदेश’ या ‘स्वराज’ कहाँ है जो अंग्रेजों के ‘ओरियंटलिज्म’ से पहले कभी रहा हो, जिस पर इस ‘ओरियंटल्जिम’ का एक ‘दाग’ न लगा हो!

एडवर्ड सईद के ‘ओरियंटलिज्म’ (1976) के प्रकाशन के बाद दुनिया भर में ‘उत्तर-औपनिवेशिक अध्ययनों’ का आरम्भ हुआ तो ‘उत्तर-उपनिवेश’ के ‘उत्तर’ ने हमें उपनिवेशवाद की याद दिलाना नहीं छोड़ा। हम उत्तर-उपनिवेशवादी अध्ययनों के बहाने उसी औपनिवेशक को फिर याद करते रहे और उन्हीं के छोड़े विकास के एजेंडों को आगे बढ़ाते रहे। हम दलित और स्त्रीत्ववादी अध्ययनों के ज़रिये एक बार फिर अपने कथित महान प्राचीन आदर्शों को ‘अन्तर्विरोधों’ की खान समझकर अपने को ‘आत्महीनता’ में गिराते रहे। उत्तर-उपनिवेशवाद

ने हमारा अतीत भी 'गर्व करने लायक' और 'महान' नहीं रहने दिया जो 'ओरियंटलिज्म' ने हमें हमारी हीनता को 'पुचकारते' हुए कभी दिया था।

और इन दिनों जब फिर पश्चिम ने 'डिकॉलोनाइजेशन' यानी 'वि-उपनिवेशीकरण' का एक नया विचार दिया है जिसके ज़रिये हम अपने ऊपर पड़े रह गये 'ओरियंटलिज्म' के 'दागों' को छुड़ाने में बिजी कर दिये गये हैं।

हम जब भी अपने को 'डिकॉलोनाइज' करने चलते हैं वैसे ही फँस जाते हैं क्योंकि हम तुरन्त पाते हैं कि हम अपने को लाख डिकॉलोनाइज करें, अपने ऊपर पड़े हुए 'उपनिवेशवाद/ओरियंटलिज्म' के अनन्त चिह्नों को मिटाना चाहें तो भी नहीं मिटा पाते।

हम ज्यों ही अपने आप को उक्त 'उपनिवेशवाद' से मुक्त करने को उद्यत होते हैं तुरन्त ही अंग्रेजी, अंग्रेजों के बनाये संस्थान जैसे कि संविधान आड़े आ जाते हैं।

हम क्या-क्या हटाएँ और हटाएँ तो कैसे हटाएँ?

अपने अन्दर गहरे बैठा अंग्रेजी जाति के मुक़ाबले हीन होने का एक भूला-बिसरा बोध, उनके बेहतर प्रशासक होने का यह पापूलर विश्वास कि एक शासन अंग्रेजों का था जब सब कुछ क़ायदे से चलता था एक ये शासन है जो हर वक़्त बेक़ायदे चलता है...हम से तो अंग्रेज ही अच्छे थे...

हमारे मन में बैठा अंग्रेजों को श्रेष्ठतर मानने का बोध हमें अब भी उस 'उपनिवेशवादी एहसास' से नहीं निकलने देता। हम हर बार उससे निकलने के लिए सिर्फ़ छटपटाते रह जाते हैं और इस तरह अपनी हतभाग्यता पर दुखी होते रहते हैं। आधुनिक हिन्दी साहित्य में गुप्त जी से लेकर छायावाद तक के साहित्य में 'दुख' का जो अनुभव है वह सदियों की इसी गुलामी का दिया एहसास है जो न हमें खुल के हँसने देता है न रोने देता है!

'भारत-भारती' को हमें 'ओरियंटलिज्म' के सन्दर्भ में पढ़ना चाहिए तभी हम 'भारत-भारती' की ऐतिहासिक 'छटपटाहट' को 'डिकंस्ट्रक्ट' कर सकेंगे, उसके 'निहितार्थ' समझ सकेंगे!

'भारत-भारती' एक ओर 'पूर्वजों की महानता' के 'पतन' के गहरे एहसास के बाद 'पुनरुत्थान' की ओर हमें ले जाना चाहती है लेकिन हर बार अपने अतीत की महानता की याद दिलाकर, वह उसी अतीत को फिर से वर्तमान में आविर्भूत करना चाहती है!

शायद इसी कारण लाख वह अपने समाज व अपनी भाषा व साहित्य के मूल 'स्व' को नहीं खोज पाती!

'भारत-भारती' को 'विखंडनात्मक तरीक़े' से 'पढ़ना' हमें इसी 'स्व' की खोज की छटपटाहट का हिस्सा बनाता है और यही पाठ प्रक्रिया 'भारत' की 'भारती' के श्लेषार्थों (यानी 'वाणी' या 'हिन्दू' जाति या हिन्दी भाषा या 'भारत माता' या 'भारत वर्ष') के 'स्व' को खोल सकती है बशर्ते हम 'भारत-भारती' को नये अध्ययनों के आलोक में पढ़ें।

–सुधीश पचौरी

श्रीराम

प्रस्तावना

प्रिय पाठकगण,

आज जन्माष्टमी है, आज का दिन भारत के लिए गौरव का दिन है। आज ही हम भारतवासियों को यहाँ तक कहने का अवसर मिला था कि–

जय जय स्वर्गागार-सम भारत-कारागार।
पुरुष पुरातन का जहाँ हुआ नया अवतार ॥

जब तक संसार में भारतवर्ष का अस्तित्व रहेगा, तब तक यह दिन उसकी महिमा का महान् दिन समझा जायगा, इसमें कुछ भी सन्देह नहीं। आज भगवान ने अपने उन वचनों की सार्थकता दिखाई थी जिन्हें आपने कुरुक्षेत्र में अर्जुन को गीता का उपदेश करते हुए प्रकट किया था–

"यदा यदा हि धर्मस्य ग्लानिर्भवति भारत!
अभ्युत्थानमधर्मस्य तदात्ममानं सृजाम्यहम् ॥"

भला मेरे लिए इससे शुभ और कौन-सा दिन होता कि मैं प्रस्तुत पुस्तक आप लोगों के सम्मुख उपस्थित करने के लिए पूर्ण करूँ?

यह बात मानी हुई है कि भारत की पूर्व और वर्तमान दशा में बड़ा भारी अन्तर है। अन्तर न कहकर इसे वैपरीत्य कहना चाहिए। एक वह समय था कि यह देश विद्या, कला-कौशल और सभ्यता में संसार का शिरोमणि था और एक यह समय है कि इन्हीं बातों का इसमें शोचनीय अभाव हो गया है। जो आर्य जाति कभी सारे संसार को शिक्षा देती थी वही आज पद पद पर पराया मुँह ताक रही है! ठीक है, जिसका जैसा उत्थान, उसका वैसा ही पतन!

परन्तु क्या हम लोग सदा अवनति में ही पड़े रहेंगे? हमारे देखते देखते जंगली जातियाँ तक उठकर हमसे आगे बढ़ जायँ और हम वैसे ही पड़े रहें, इससे

अधिक दुर्भाग्य की बात और क्या हो सकती है? क्या हम लोग अपने मार्ग से यहाँ तक हट गये हैं कि अब उसे पा ही नहीं सकते? क्या हमारी सामाजिक अवस्था इतनी बिगड़ गयी है कि वह सुधारी ही नहीं जा सकती? क्या सचमुच हमारी यह निद्रा चिरनिद्रा है? क्या हमारा रोग ऐसा असाध्य हो गया है कि उसकी कोई चिकित्सा ही नहीं?

संसार में ऐसा काम नहीं जो सचमुच उद्योग से सिद्ध न हो सके। परन्तु उद्योग के लिए उत्साह की आवश्यकता है। बिना उत्साह के उद्योग नहीं हो सकता। इसी उत्साह को, इसी मानसिक वेग को उत्तेजित करने के लिए कविता एक उत्तम साधन है। परन्तु बड़े खेद की बात है कि हम लोगों के लिए हिन्दी में अभी तक इस ढंग की कोई कविता-पुस्तक नहीं लिखी गयी जिसमें हमारी प्राचीन उन्नति और अर्वाचीन अवनति का वर्णन भी हो और भविष्यत् के लिए प्रोत्साहन भी, इस अभाव की पूर्ति के लिए जहाँ तक मैं जानता हूँ, कोई यथोचित प्रयत्न नहीं किया गया। परन्तु देशवत्सल सज्जनों को यह त्रुटि बहुत खटक रही है। ऐसे ही महानुभावों में कुर्रीसुदौली के अधिपति माननीय श्रीमान राजा रामपालसिंह जी के.सी.आई. महोदय हैं।

कोई दो वर्ष हुए, मैंने 'पूर्व दर्शन' नाम की एक तुकबन्दी लिखी थी। उस समय चित्त में आया था कि हो सका तो कभी इसे पल्लवित करने की चेष्टा भी करूँगा। इसके कुछ ही दिन बाद उक्त राजा साहब का एक कृपा-पत्र मुझे मिला जिसमें श्रीमान ने मौलाना हाली के मुसद्दस को लक्ष्य करके इस ढंग की एक कविता पुस्तक हिन्दुओं के लिए लिखने का मुझसे अनुग्रह पूर्वक अनुरोध किया था। राजा साहब की ऐसी अभिरुचि देखकर मुझे हर्ष तो बहुत हुआ, पर साथ ही अपनी अयोग्यता के विचार से संकोच भी कम न हुआ तथापि यह सोचकर कि बिलकुल ही न होने की अपेक्षा कुछ होना ही अच्छा है, मैंने इस पुस्तक के लिखने का साहस किया।

श्रीरामनवमी सं. 1968 से आरम्भ करके भगवान की कृपा से आज मैं इसे समाप्त कर सका हूँ। बीच-बीच में कई कारणों से महीनों इसका काम रुका रहा। इसी से समाप्त होने में इतना विलम्ब हुआ।

मैं नहीं जानता कि मैं अपने पूज्यवर श्रीमान् पण्डित महावीर प्रसाद द्वि वेदीजी महाराज और माननीय श्रीयुत 'वार्हस्पत्य' जी महोदय के निकट, उनकी अमूल्य सम्मतियों के लिए, जिन्होंने मुझे इस विषय में कृतार्थ किया है, किस प्रकार अपनी कृतज्ञता प्रकट करूँ। सुहृद्वर श्रीयुत पण्डित पद्मसिंह जी शर्मा रायकृष्ण ादास जी और ठाकुर तिलक सिंह जी का भी मैं विशेष कृतज्ञ हूँ, जिन्होंने मेरा उत्साह बढ़ाकर मुझे सहायता दी है। हाली और कैफी के मुसद्दसों से भी मैंने लाभ उठाया है, इसलिए उनके प्रति भी मैं हार्दिक कृतज्ञता प्रकट करता हूँ। जिन

पुस्तकों और लेखों से इस पुस्तक में नोट उद्धृत किये गये हैं, उनके लेखकों के निकट भी मैं विशेष उपकृत हूँ।

मुझे दुःख है कि इस पुस्तक में कहीं-कहीं कुछ कड़ी बातें लिखनी पड़ी हैं, परन्तु मैंने किसी की निन्दा करने के विचार से कोई बात नहीं लिखी। अपनी सामाजिक दुरवस्था ने वैसा लिखने के लिए मुझे विवश किया है। जिन दोषों ने हमारी यह दुर्गति की है, जिनके कारण दूसरे लोग हम पर हँस रहे हैं, क्या उनका वर्णन कड़े शब्दों में किया जाना अनुचित है? मेरा विश्वास है कि जब तक हमारी बुराइयों की तीव्र आलोचना न होगी तब तक हमारा ध्यान उनको दूर करने की ओर समुचित रीति से आकृष्ट न होगा। फिर भी यदि भूल से, कोई बात अनुचित लिख गयी हो तो उसके लिए मैं नम्रतापूर्वक क्षमा-प्रार्थी हूँ।

मैं जानता हूँ कि इस पुस्तक को लिखकर मैंने अनधिकार चेष्टा की है। मैं इस काम के लिए सर्वथा अयोग्य था। परन्तु जब तक हमारे विद्वान और प्रतिभाशाली कवि इस ओर ध्यान न दें और इस ढंग की दूसरी कोई अच्छी पुस्तक न निकले तब तक, आशा है, उदार पाठक मेरी धृष्टता क्षमा करेंगे।

–मैथिलीशरण गुप्त

चिरगाँव (झाँसी)
जन्माष्टमी 1969 वि.

भारत-भारती

श्रीगणेशाय नमः

भारत-भारती

अतीत खण्ड

मंगलाचरण

मानस-भवन में आर्य्यजन जिसकी उतारें आरती—
भगवान! भारतवर्ष में गूँजे हमारी भारती।
हो भद्रभावोद्भाविनी वह भारती हे भगवते!
सीतापते! सीतापते!! गीतामते! गीतामते! ॥1॥

उपक्रमणिका

हाँ लेखनी, हृतपत्र पर लिखनी तुझे है यह कथा,
दृक्कालिमा में डूबकर तैयार होकर सर्वथा।
स्वच्छन्दता से कर तुझे करने पड़ें प्रस्ताव जो,
जग जाएँ तेरी नोक से सोये हुए हों भाव जो ॥2॥

संसार में किसका समय है एक-सा रहता सदा,
है निशि-दिवा-सी घूमती सर्वत्र विपदा-सम्पदा।

जो आज एक अनाथ है, नरनाथ कल होता वही;
जो आज उत्सव-मग्न है, कल शोक से रोता वही ॥3॥

चर्चा हमारी भी कभी संसार में सर्वत्र थी,
वह सद्गुणों की कीर्ति मानो एक और कलत्र थी।
इस दुर्दशा का स्वप्न में भी क्या हमें कुछ ध्यान था?
क्या इस पतन ही को हमारा वह अतुल उत्थान था? ॥4॥

उन्नत रहा होगा कभी जो हो रहा अवनत अभी,
जो हो रहा उन्नत अभी, अवनत रहा होगा कभी।
हँसते प्रथम जो पद्म हैं तम-पंक में फँसते वही,
मुरझे पड़े रहते कुमुद जो अन्त में हँसते वही ॥5॥

उन्नति तथा अवनति प्रकृति का नियम एक अखण्ड है,
चढ़ता प्रथम जो व्योम में गिरता वही मार्तण्ड है।
अतएव अवनति ही हमारी कह रही उन्नति कला,
उत्थान ही जिसका नहीं उसका पतन ही क्या भला? ॥6॥

होता समुन्नति के अनन्तर सोच अवनति का नहीं,
हाँ सोच तो है जो किसी की फिर न हो उन्नति कहीं।
चिन्ता नहीं जो व्योम-विस्तृत चन्द्रिका का ह्रास हो,
चिन्ता तभी है जब न उसका फिर नवीन विकास हो ॥7॥

है ठीक ऐसी ही दशा हतभाग्य भारतवर्ष की,
कब से इतिश्री हो चुकी इसके अखिल उत्कर्ष की।
पर सोच है केवल यही वह नित्य गिरता ही गया,
जब से फिरा है दैव इससे नित्य फिरता ही गया ॥8॥

यह नियम है, उद्यान में पककर गिरे पत्ते जहाँ,
प्रकटित हुए पीछे उन्हीं के लहलहे पल्लव वहाँ।
पर हाय! इस उद्यान का कुछ दूसरा ही हाल है,
पतझड़ कहें या सूखना, कायापलट या काल है? ॥9॥

अनुकूल शोभा-मूल सुरभित फूल वे कुम्हला गये,
फलते कहाँ हैं अब यहाँ वे फल रसाल नये-नये?

बस, इस विशालोद्यान में अब झाड़ झंखाड़ हैं,
तनु सूखकर काँटा हुआ, बस शेष हैं तो हाड़ हैं ॥10॥

दृढ़ दुःख दावानल इसे सब ओर घेर जला रहा,
तिस पर अदृष्टाकाश उलटा विपद-वज्र चला रहा।
यद्यपि बुझा सकता हमारा नेत्र-जल इस आग को,
पर धिक्! हमारे स्वार्थमय सूखे हुए अनुराग को ॥11॥

सहृदय जनों के चित्त निर्मल कुड़क जाकर काँच से—
होते दया के वश द्रवित हैं तप्त हो इस आँच से।
चिन्ता कभी भावी दशा की वर्त्तमान व्यथा कभी,
करती तथा चंचल उन्हें हैं भूतकाल-कथा कभी ॥12॥

जो इस विषय पर आज कुछ कहने चले हैं हम यहाँ,
क्या कुछ सजग होंगे सखे? उसको सुनेंगे जो जहाँ?
कवि के कठिनतर कर्म की करते नहीं हम धृष्टता,
पर क्या न विषयोत्कृष्टता करती विचारोत्कृष्टता? ॥13॥

हम कौन थे, क्या हो गये हैं और क्या होंगे अभी,
आओ विचारें आज मिलकर ये समस्याएँ सभी।
यद्यपि हमें इतिहास अपना प्राप्त पूरा है नहीं,
हम कौन थे, इस ज्ञान को, फिर भी अधूरा है नहीं ॥14॥

भारत की श्रेष्ठता

भू-लोक का गौरव, प्रकृति का पुण्य लीला-स्थल कहाँ?
फैला मनोहर गिरि हिमालय और गंगाजल जहाँ।
सम्पूर्ण देशों से अधिक किस देश का उत्कर्ष है?
उसका कि जो ऋषिभूमि है, वह कौन? भारतवर्ष है ॥15॥

हाँ, वृद्ध भारतवर्ष ही संसार का सिरमौर है,
ऐसा पुरातन देश कोई विश्व में क्या और है?

भगवान की भव-भूतियों का यह प्रथम भाण्डार है?
विधि ने किया नर सृष्टि का पहले यहीं विस्तार है[1] ॥16॥

यह पुण्यभूमि प्रसिद्ध है इसके निवासी 'आर्य्य' हैं,
विद्या, कला-कौशल्य सबके जो प्रथम आचार्य्य[2] हैं।
सन्तान उनकी आज यद्यपि हम अधोगति में पड़े,
पर चिह्न उनकी उच्चता के आज भी कुछ हैं खड़े ॥17॥

हमारा उद्भव

शुभ शान्तिमय शोभा जहाँ भव-बन्धनों को खोलती,
हिल मिल मृगों से खेल करती सिंहनी थी डोलती।
स्वर्गीय भावों से भरे ऋषि होम करते थे जहाँ,
उन ऋषि गणों से ही हमारा था हुआ उद्भव यहाँ ॥18॥

---

1. (क) पुराणों से सिद्ध है कि भारतवर्ष के ब्रह्मावर्त प्रदेश में ही ब्रह्माजी ने सृष्टि रचना का आरम्भ किया था।
(ख) टॉड राजस्थान में एक स्थान पर लिखा है कि आर्यावर्त के अतिरिक्त और किसी देश में सृष्टि के आरम्भ का हिसाब नहीं पाया जाता। इससे आदि सृष्टि यहीं हुई, इसमें सन्देह नहीं।
(ग) इंजील और कुरान से भी आदम और हौआ का अदन की वाटिका से निकलकर भारतवर्ष में आना प्रकट है।
(घ) सर वाल्टर रेले ने अपने जगत् के इतिहास में लिखा है कि जल-प्रलय के अनन्तर भारतवर्ष में ही वृक्ष-लता आदि की उत्पत्ति और मनुष्यों की बस्ती हुई थी।
2. एतद्देशप्रसूतस्य सकाशादग्रजन्मनः।
स्वं स्वं चरित्रं शिक्षेरन्पृथिव्यां सर्व मानवाः ॥—मनुस्मृति

हमारे पूर्वज

उन पूर्वजों की कीर्ति का वर्णन अतीत अपार है,
गाते नहीं उनके हमीं गुण गा रहा संसार है।
वे धर्म पर करते निछावर तृण-समान शरीर थे,
उनसे वही गम्भीर थे, वरवीर थे, ध्रुव धीर थे ॥19॥

उनके अलौकिक दर्शनों से दूर होता पाप था,
अति पुण्य मिलता था तथा मिटता हृदय का ताप था।
उपदेश उनके शान्तिकारक थे निवारक शोक के,
सब लोक उनका भक्त था, वे थे हितैषी लोक के ॥20॥

लखते न अघ की ओर थे वे, अघ न लखता था उन्हें,
वे धर्म्म को रखते सदा थे धर्म्म रखता था उन्हें!
वे कर्म्म से ही कर्म्म का थे नाश करना जानते,
करते वही थे वे जिसे कर्तव्य थे वे मानते ॥21॥

वे सजग रहते थे सदा दुख-पूर्ण तृष्णा-भ्रान्ति से,
जीवन बिताते थे सदा सन्तोष-पूर्वक शान्ति से।
इस लोक में उस लोक से वे अल्प सुख पाते न थे,
हँसते हुए आते न थे, रोते हुए जाते न थे ॥22॥

जिनकी अपूर्व सुगन्धि से इन्द्रिय-मधुपगण थे हिले,
सद्भाव सरसिज वर जहाँ पर नित्य रहते थे खिले।
लहरें उठाने में जहाँ व्यवहार-मारुत लग्न था,
उन्मत्त आत्मा-हंस उनके मानसों में मग्न था ॥23॥

वे ईश-नियमों की कभी अवहेलना करते न थे,
सन्मार्ग में चलते हुए वे विघ्न से डरते न थे।
अपने लिए वे दूसरों का हित कभी हरते न थे,
चिन्ता-प्रपूर्ण अशान्ति पूर्वक वे कभी मरते न थे ॥24॥

वे मोह-बन्धन मुक्त थे, स्वच्छन्द थे, स्वाधीन थे;
सम्पूर्णसुख-संयुक्त थे, वे शान्ति-शिखरासीन थे।
मन से, वचन से, कर्म्म से वे प्रभु-भजन में लीन थे,
विख्यात ब्रह्मानन्द नद के वे मनोहर मीन थे ॥25॥

उनके चतुर्दिक-कीर्ति-पट को है असम्भव नापना,
की दूर देशों में उन्होंने उपनिवेश-स्थापना।
पहुँचे जहाँ वे अज्ञता का द्वार जानो रुक गया,
वे झुक गये जिस ओर को संसार मानो झुक गया ॥26॥

वर्णन उन्होंने जिस विषय का है किया, पूरा किया,
मानो प्रकृति ने ही स्वयं साहित्य उनका रच दिया।
चाहे समय की गति कभी अनुकूल उनके हो नहीं,
हैं किन्तु निश्चल एक-से सिद्धान्त उनके सब कहीं ॥27॥

वे मेदिनी-तल में सुकृत के बीज बोते थे सदा,
पर दुःख देख दयालुता से द्रवित होते थे सदा।
वे सत्त्वगुण-शुभ्रांशु से तम-ताप खोते थे सदा,
निश्चिन्त विघ्न-विहीन सुख की नींद सोते थे सदा ॥28॥

वे आर्य ही थे जो कभी अपने लिए जीते न थे;
वे स्वार्थ-रत हो मोह की मदिरा कभी पीते न थे।
संसार के उपकार-हित जब जन्म लेते थे सभी,
निश्चेष्ट होकर किस तरह वे बैठ सकते थे कभी? ॥29॥

आदर्श

आ़दर्श-जन संसार में इतने कहाँ पर हैं हुए?
सत्कार्य-भूषण आर्य्य-गण जितने यहाँ पर हैं हुए।
हैं रस गये यद्यपि हमारे गीत आज रहे सहे,
पर दूसरों के भी वचन साक्षी हमारे हो रहे ॥30॥

गौतम वशिष्ठ समान मुनिवर ज्ञान दायक थे यहाँ,
मनु याज्ञवल्क्य-समान सप्तम विधि-विधायक थे यहाँ।
वाल्मीकि-वेदव्यास-से गुण-गान-नायक थे यहाँ,
पृथु, पुरु, भरत, रघु-से अलौकिक लोक-नायक थे यहाँ ॥31॥

लक्ष्मी नहीं, सर्वस्व जावे, सत्य छोड़ेंगे नहीं,
अन्धे बनें पर सत्य से सम्बन्ध तोड़ेंगे नहीं।
निज सुत-मरण स्वीकार है पर वचन की रक्षा[1] रहे,
है कौन जो उन पूर्वजों के शील की सीमा कहे! ॥32॥

सर्वस्व करके दान जो चालीस दिन भूखे रहे,
अपने अतिथि-सत्कार में फिर भी न जो रूखे रहे!
पर-तृप्ति कर निज तृप्ति मानी रन्तिदेव नरेश ने,
ऐसे अतिथि-सन्तोष-कर पैदा किये किस देश ने? ॥33॥

आमिष दिया अपना जिन्होंने श्येन-भक्षण के लिए,
जो बिक गये चाण्डाल के घर सत्य-रक्षण के लिए!
दे दीं जिन्होंने अस्थियाँ परमार्थ-हित जानी जहाँ,
शिवि, हरिश्चन्द्र, दधीचि-से होते रहे दानी यहाँ ॥34॥

सत्पुत्र पुरु से थे जिन्होंने तात-हित सब कुछ सहा,
भाई भरत-से थे जिन्होंने राज्य भी त्यागा अहा!

---

1. यह पद्य सत्यव्रत, अलर्क, मयूरध्वज और रुक्मांगद आदि सत्य प्रतिज्ञ राजाओं को लक्ष्य करके लिखा गया है। मयूरध्वज आदि की कथाएँ तो प्रसिद्ध ही हैं, सत्यव्रत की कथा इस प्रकार है–
राजा सत्यव्रत का नियम था कि उसके बाजार में जो चीजें बिकने के लिए आवें वे यदि दिन भर में न बिक सकें तो साँझ को स्वयं राजा उन्हें खरीद लेगा। राजा सर्वदा अपने इस नियम का पालन करता था। एक दिन एक लुहार लोहे की बनी हुई शनैश्चर की मूर्ति लाया और कहने लगा कि इसका मूल्य एक लाख रुपया है। पर जो कोई इसे खरीदेगा उसे लक्ष्मी, धर्म, कर्म और यश आदि सब छोड़ जायँगे। उसकी ऐसी बात सुनकर उस मूर्ति को किसी ने न खरीदा। नियमानुसार साँझ को वह मूर्ति राजा के सामने लायी गयी। राजा ने सब कुछ सुनकर भी उसको खरीद लिया। अपने नियम को नहीं तोड़ा। आधी रात को एक सुन्दर स्त्री ने आकर राजा से कहा कि मैं तुम्हारी राजलक्ष्मी हूँ, तुम्हारे यहाँ शनैश्चर आ गया, अब मैं नहीं रह सकती। मुझको विदा कीजिए। राजा ने कहा–जाओ। इसी तरह धर्म्म, कर्म्म और यश भी विदा हुए। अन्त में सत्यदेव आये और बोले कि हे राजा! मैं सत्य हूँ, शनैश्चर के कारण मैं अब नहीं रह सकता, जाता हूँ। राजा ने उठकर हाथ पकड़ लिया और कहा कि लक्ष्मी, धर्म्म और यश जायँ तो भले ही चले जायँ, पर आप कहाँ जाते हैं? आपको रखने के लिए ही तो मैंने शनैश्चर की मूर्ति ली है! सत्य से उत्तर देते न बना। जब सत्य न गया तब लक्ष्मी, धर्म्म और यश आदि सभी लौट आये।

जो धीरता के, वीरता के प्रौढ़तम पालक हुए,
प्रह्लाद, ध्रुव, कुश, लव तथा अभिमन्यु-सम बालक हुए ॥35॥

वह भीष्म का इन्द्रिय-दमन, उनकी धरा-सी धीरता,
वह शील उनका और उनकी वीरता, गम्भीरता,
उनकी सरलता और उनकी वह विशाल विवेकता,
है एक जन के अनुकरण में सब गुणों की एकता ॥36॥

वर वीरता में ही सरसता वास करती थी यहाँ;
पर साथ ही वह आत्म-संयम था यहाँ का-सा कहाँ?
आकर करे रति-याचना जो उर्वशी-सी भामिनी[1],
फिर कौन ऐसा है, कहे जो 'मत कहो यों कामिनी' ॥37॥

यदि भूलकर अनुचित किसी ने काम कर डाला कभी,
तो वह स्वयं नृप के निकट दण्डार्थ जाता था तभी।
अब भी 'लिखित' मुनि[2] का चरित्र वह लिखित है इतिहास में,
अनुपम सुजनता सिद्ध है जिसके अमल आभास में ॥38॥

---

1. अर्जुन जब दिव्यास्त्र प्राप्त करने के लिए इन्द्रलोक को गये तब वहाँ उर्वशी नाम की अप्सरा उनके रूप-गुण पर मोहित होकर एक दिन उनके पास आयी और अनेकों हाव-भाव दिखलाती हुई अपने ऊपर अनुरक्त होने के लिए उनसे प्रार्थना करने लगी। उसकी बातें सुनकर अर्जुन ने कहा कि तुम देवराज की सेवा में रहने वाली हो, अतएव मेरे लिए तुम शची के समान ही पूज्य हो। तुमको मुझसे ऐसी अनुचित बातें कदापि न कहनी चाहिए।
2. शंख और लिखित नाम के दो भाई थे। वे बड़े तपस्वी और सदाचारी थे। बाहुदा नदी के किनारे उन दोनों के जुदा जुदा आश्रम थे। एक दिन लिखित मुनि अपने बड़े भाई शंख मुनि के आश्रम में पहुँचे। वहाँ के वृक्षों में स्वादिष्ट और मधुर फल लगे हुए थे! शंख की अनुपस्थिति में लिखित ने उन फलों को तोड़कर खाया। जब शंख को यह बात मालूम हुई तब उन्होंने कहा—भाई, तुमने अच्छा काम नहीं किया। मेरी आज्ञा के बिना मेरे आश्रम के फल क्यों खाये? जो हो, तुम चोरी के अपराध के अपराधी हो। अतएव तुम्हें चाहिए कि तुम राजा के पास जाकर दण्ड की प्रार्थना करो। बड़े भाई की बात सुनकर लिखित मुनि राजा सुद्युम्न के पास गये और सब हाल सुनाकर बोले कि मैं चोर हूँ, मुझे दण्ड दीजिए। राजा ने कहा—"तुम्हारी सत्यता पर प्रसन्न होकर मैं तुम्हें क्षमा करता हूँ। जब राजा के दण्ड देने से पाप दूर हो जाता है तब क्षमा कर देने से भी पाप दूर हो जायगा, जाइए।" परन्तु लिखित मुनि ने न माना। निदान उनके दोनों हाथ काट डाले गये। हाथ कटवाकर वे अपने बड़े भाई शंख के पास आये और फिर उनसे क्षमा माँगकर अपने आश्रम में तप करने चले गये।

आर्य्य-स्त्रियाँ

केवल पुरुष ही थे न वे जिनका जगत को गर्व था,
गृह-देवियाँ भी थीं हमारी देवियाँ ही सर्वथा।
था अत्रि-अनसूया-सदृश गार्हस्थ्य दुर्लभ स्वर्ग में,
दाम्पत्य में वह सौख्य था जो सौख्य था अपवर्ग में ॥39॥

निज स्वामियों के कार्य्य में समभाग जो लेतीं न वे,
अनुराग पूर्वक योग जो उसमें सदा देतीं न वे।
तो फिर कहातीं किस तरह 'अर्धांगिनी' सुकुमारियाँ,
तात्पर्य्य यह–अनुरूप ही थीं नरवरों के नारियाँ ॥40॥

हारे मनोहत पुत्र को फिर बल जिन्होंने था दिया,
रहते जिन्होंने नव-वधू के सुत-विरह स्वीकृत किया।
द्विज-पुत्र-रक्षा-हित जिन्होंने सुत-मरण सोचा नहीं,
विदुला, सुमित्रा और कुन्ती-तुल्य माताएँ रहीं[1] ॥41॥

बदली न जो, अल्पायु वर भी वर लिया सो वर लिया;
मुनि को सताकर भूल से, जिसने उचित प्रतिफल दिया।

---

1. (क) युद्ध में सिन्धुराज से हारकर निश्चेष्ट बैठे हुए संजय नामक राजकुमार को उसकी माता विदुला ने अनेक प्रकार के नीतियुक्त वचनों द्वारा फिर युद्ध करने के लिए उत्साहित और उत्तेजित किया और अन्त में उसने अपने शत्रुओं को पराजित करके विजय-लक्ष्मी पायी।
(ख) नववधू उर्मिला के रहते हुए भी सुमित्रा का अपने प्रिय पुत्र लक्ष्मण को चौदह वर्ष के लिए रामचन्द्रजी के साथ वन भेज देने का वृत्तान्त तो प्रसिद्ध ही है।
(ग) एकचक्रा नगरी में वक नामक एक राक्षस ने बड़ा उत्पात मचा रक्खा था। नगर-निवासियों से वह नित्य एक मनुष्य भेंट में लेता था और उसे मारकर खा जाता था। एक दिन पाण्डव भी उसी नगरी में आकर एक ब्राह्मण के यहाँ ठहरे। उस दिन उसी ब्राह्मण के पुत्र की उस राक्षस के पास जाने की बारी थी। उसकी माता और स्त्री दोनों रो रही थीं। कुन्ती ने सब हाल जानकर और यह विचार कर कि जिसके हम अतिथि हुए हैं–जिसने हमें आश्रय दिया है–उसका उपकार करना हमारा धर्म है, कुन्ती ने सोचा कि यदि ब्राह्मण के पुत्र की रक्षा के लिए मेरा एक पुत्र भी मारा जाएगा तो भी मेरे चार पुत्र रहेंगे, ब्राह्मणी के तो एक ही पुत्र है। अस्तु, उस ब्राह्मण-कुमार के बदले में कुन्ती ने भीमसेन को भेज दिया। अन्त में भीम ने उस वक राक्षस को मारकर सदा के लिए पुरवासियों की वह विपत्ति दूर कर दी।

सेवार्थ जिसने रोगियों के था विराम लिया नहीं,
थीं धन्य सावित्री, सुकन्या और अंशुमती[1] यहीं ॥42॥

मूँदे रही दोनों नयन आमरण 'गान्धारी' जहाँ,
पति-संग 'दमयन्ती' स्वयं वन वन फिरी मारी जहाँ।
यों ही जहाँ की नारियों ने धर्म्म का पालन किया,
आश्चर्य क्या फिर ईश ने जो दिव्य-बल उनको दिया ॥43॥

अबला जनों का आत्म-बल संसार में था वह नया,
चाहा उन्होंने तो अधिक क्या, रवि उदय भी रुक गया?

---

1. (क) सावित्री ने मन से सत्यवान को वर लिया था। पीछे देवर्षि नारद से यह सुनकर कि वह अल्पायु है, एक वर्ष में ही मर जायगा, सावित्री के माता-पिता ने सावित्री को बहुत समझाया कि वह किसी दूसरे को वरण करे। परन्तु वह अपने वचन पर अटल रही और सत्यवान को ही वरण किया। फिर जब एक वर्ष बाद सत्यवान की मृत्यु हो गयी, तब सावित्री ने अपने पातिव्रत-धर्म-बल से यमराज को प्रसन्न करके उसे जिला लिया।

(ख) सुकन्या राजा शर्याति की पुत्री थी। एक समय वन-विहार करते हुए राजा शर्याति ने च्यवन ऋषि के आश्रम के पास अपना डेरा डाला। सुकन्या भी पिता के साथ थी। वह घूमती-फिरती एक जगह जा पहुँची। वहाँ उसने देखा कि एक मिट्टी का ढेर-सा बन रहा है और उसमें दो तारे-से चमक रहे हैं। कौतूहल वश होकर उसने उन दोनों तारों को काँटे से कुरेद डाला। कुरेदने पर उनमें से खून निकल पड़ा। खून देखकर वह बहुत घबराई और आकर अपने पिता से सब हाल सुनाया। राजा ने जब वहाँ जाकर देखा तो मालूम हुआ कि वे वृद्ध च्यवन ऋषि हैं। बरसों तपस्या करते-करते उन पर मिट्टी चढ़ गयी है। उनकी दोनों आँखें फूट गयीं और उनसे खून निकल रहा है। राजा ने कहा कि महाराज! बिना जाने मेरी पुत्री से यह अपराध हो गया है, कृपा करके क्षमा कीजिए। तब महात्मा च्यवन ने अपनी सेवा के लिए उसी पुत्री को माँगा। यह सुनकर राजा बहुत घबड़ाया किन्तु सुकन्या बोली कि 'हे पिता, मैंने ही इनको कष्ट पहुँचाया है अतएव मैं ही इनकी सेवा करूँगी।' निदान सुकन्या च्यवन ऋषि को ब्याह दी गयी और वह बड़े भक्ति भाव से उनकी सेवा करने लगी। यही नहीं एक बार उसने अश्विनीकुमारों को प्रसन्न करके उनकी चिकित्सा से अपने पति का कायाकल्प करवा लिया। इससे उनके नेत्र तो ठीक हो ही गये, पर साथ ही उन्हें तरुणावस्था भी प्राप्त हो गयी।

(ग) अंशुमती सुव्रत नामक मुनीश्वर की स्त्री थी। वह बड़ी पतिपरायणा और दयालु थी। पति सेवा और रोगियों की चिकित्सा करना ही उसके मुख्य काम थे। दूर-दूर से अनेकों रोगी और दीन-दुःखी मनुष्य उसके पास आते और वह उन सबका कष्टनिवारण करके उन्हें सदुपदेश दिया करती थी।

जिस क्षुब्ध मुनि की दृष्टि से जलकर विहग भू पर गिरा,
वह भी सती के तेज-सम्मुख रह गया निष्प्रभ निरा[1] ॥44॥

हमारी सभ्यता

शैशव-दशा में देश प्रायः जिस समय सब व्याप्त थे,
निःशेष विषयों में तभी हम प्रौढ़ता को प्राप्त थे।

---

1. (क) एक ब्राह्मण अपने कर्म दोष से कोढ़ी हो गया था। उसका स्वभाव भी अच्छा न था। किन्तु उसकी स्त्री पतिव्रता थी। एक बार रात को वह अपने पति को कन्धे पर चढ़ाकर उसकी इच्छा के अनुसार कहीं लिए जाती थी। मार्ग में माढ़व्य ऋषि के शरीर से उसके पति का पैर लग गया। उन्होंने क्रुद्ध होकर शाप दिया कि मुझसे जिस पापिष्ट का चरण-स्पर्श हुआ है वह सूर्योदय होते ही मर जायगा। उस स्त्री ने कहा कि सूर्योदय ही न होगा! उसके पातिव्रत धर्म के प्रभाव से हुआ भी ऐसा ही। सूर्य्य का उदय होना रुक गया। इससे बड़ी हलचल मच गयी। अन्त में अनसूया देवी ने उसे समझा-बुझाकर सूर्य्य का उदय करवाया। सूर्योदय होते ही ऋषि का शाप फलीभूत हुआ, वह ब्राह्मण मर गया। किन्तु अनसूया ने अपने प्रभाव से उसे फिर जिला दिया और उसे नीरोग भी कर दिया।
(ख) एक योगी वन में वृक्ष के नीचे बैठा था। सहसा दो कौवों ने उसी वृक्ष पर काँव-काँव मचाकर उसे क्रुद्ध कर दिया। ज्यों ही उसने अपनी तीक्ष्ण दृष्टि ऊपर की ओर डाली, त्यों ही वे दोनों पक्षी मरकर नीचे गिर पड़े। अपना ऐसा प्रभाव देखकर योगी को गर्व हुआ। एक बार उसी योगी ने किसी गाँव में जाकर एक गृहस्थ के द्वार पर भिक्षा के लिए आवाज दी। भीतर से स्त्री-कण्ठ से उत्तर मिला, "जरा देर ठहरो" योगी ने कहा—हैं, यह अभागिनी स्त्री मुझे ठहरने को कहती है, मेरे योग-बल को नहीं जानती। अभी वह यह सोच ही रहा था कि अन्दर से फिर आवाज आयी—"बेटे, बहुत क्रोध मत कर, यहाँ कौए नहीं रहते।" अब तो योगी के आश्चर्य का ठिकाना न रहा। स्त्री के बाहर आने पर वह उसके पैरों पर गिर पड़ा और पूछने लगा कि माँ! तूने यह सब कैसे जाना? स्त्री ने कहा—"मैं एक साधारण स्त्री हूँ; किन्तु मैंने हमेशा अपने धर्म का पालन किया है। अभी जब मैंने तुम्हें ठहरने को कहा था तब मैं अपने रुग्ण पति की सेवा में लगी हुई थी। पति सेवा ही मेरा धर्म है। अपने धर्म का पालन करने से मेरा हृदय इतना निर्मल हो गया है कि उसमें सब बातें प्रतिबिम्बित हो जाती हैं। यदि तुम्हें इससे अधिक जानने की इच्छा है तो अमुक व्याध के पास जाओ।" उस स्त्री के उपदेशानुसार वह योगी उस व्याध के पास गया और व्याध ने उसे अनेक सारगर्भित उपदेश दिये। वही उपदेश 'व्याधगीता' के नाम से प्रसिद्ध हैं।

संसार को पहले हमीं ने ज्ञान-शिक्षा दान की,
आचार की, व्यापार की, व्यवहार की, विज्ञान[1] की ॥45॥

'हाँ' और 'न' भी अन्य जन करना न जब थे जानते,
थे ईश के आदेश तब हम वेदमन्त्र बखानते।
जब थे दिगम्बर रूप में वे जंगलों में घूमते,
प्रासाद-केतन-पट हमारे चन्द्र को थे चूमते ॥46॥

जब मांस-भक्षण पर वनों में अन्य जन थे जी रहे,
कृषि-कार्य्य करके आर्य्य तब शुचि सोमरस थे पी रहे।
मिलता न यह सात्विक सु-भोजन यदि शुभाविष्कार का,
तो पार क्या रहता जगत में उस विकृत व्यापार का? ॥47॥

था गर्व नित्य निजत्व का पर दम्भ से हम दूर थे,
थे धर्मभीरु परन्तु हम सब काल सच्चे शूर थे।
सब लोक-सुख हम भोगते थे बान्धवों के साथ में,
पर पारलौकिक-सिद्धि भी रखते सदा थे हाथ में ॥48॥

थे ज्यों समुन्नति के सुखद उतुंग शृंगों पर चढ़े,
त्यों ही विशुद्ध विनीतता में हम सभी से थे बढ़े,
भव-सिन्धु तरने के लिए आत्मावलम्बी धीर ज्यों,
परमार्थ-साधन हेतु थे आतुर परन्तु गम्भीर त्यों ॥49॥

यद्यपि सदा परमार्थ ही में स्वार्थ थे हम मानते,
पर कर्म से फल-कामना करना न थे हम जानते।
विख्यात जीवन-व्रत हमारा लोक-हित एकान्त था,
'आत्मा अमर है, देह नश्वर' यह अटल सिद्धान्त था ॥50॥

हम दूसरों के दुःख को थे दुःख अपना मानते,
हम मानते कैसे नहीं, जब थे सदा यह जानते–

---

1. 20 फरवरी 1884 के 'डेली ट्रब्यून' नामक पत्र में ब्राउन साहब ने स्वीकार किया है कि "यदि हम पक्षपात रहित होकर भली भाँति परीक्षा करें तो हमको स्वीकार करना पड़ेगा कि हिन्दू ही सारे संसार के साहित्य, धर्म और सभ्यता के जन्मदाता हैं।"

'जो ईश कर्त्ता है हमारा दूसरों का है वही,
हैं कर्म्म भिन्न परन्तु सब में तत्त्व-समता हो रही' ॥51॥

बिकते गुलाम न थे यहाँ, हममें न ऐसी रीति थी;
सेवक-जनों पर भी हमारी नित्य रहती प्रीति थी।
वह नीति ऐसी थी कि चाहे हम कभी भूखे रहें,
पर बात क्या जीते हमारे जो कभी वे दुख सहें[1] ॥52॥

अपने लिए भी आज हम क्यों जी न सकते हों यहाँ,
पर दूसरों के अर्थ मरना मान्य था न हमें कहाँ?
यद्यपि जगत में हम स्वयं विख्यात जीवन मुक्त थे,
करते तदपि जीव-मृतों को दिव्य जीवन-युक्त थे ॥53॥

थी दूसरों की आपदा हरणार्थ अपनी सम्पदा,
कहते नहीं थे किन्तु हम करके दिखाते थे सदा।
नीचे गिरे को प्रेम से ऊँचा चढ़ाते थे हमीं,
पीछे रहे को घूमकर आगे बढ़ाते थे हमीं ॥54॥

संयम-नियम-पूर्वक बल और विद्या प्राप्त की,
होकर गृही फिर लोक की कर्त्तव्य-रीति समाप्त की।
हम, अन्त में भव-बन्धनों को थे सदा को तोड़ते,
आदर्श भावी सृष्टि हित थे मुक्ति-पथ में छोड़ते ॥55॥

हमको विदित थे तत्त्व सारे नाश और विकास के,
कोई रहस्य छिपे न थे पृथ्वी तथा आकाश के।
थे जो हजारों वर्ष पहले जिस तरह हमने कहे,
विज्ञान-वेत्ता अब वही सिद्धान्त निश्चित कर रहे ॥56॥

"है हानिकारक नीति निश्चय निकट कुल में ब्याह की,
है लाभकारक रीति शव के गाड़ने से दाह की।"

---

1. (क) हिन्दू लोग विदेशियों को भी गुलाम नहीं बनाते, स्वदेशियों को तो भला वे क्यों बनाने लगे।—मेगास्थनीज।
(ख) गृहपति चाहे अपने आप भूखा रह जाय, अपनी स्त्री और बच्चों को भूखा रख ले, परन्तु उस दास (शूद्र) को कभी भूखा न रक्खे, जो उसका दैनिक कार्य करता है।—आपस्तम्ब।

यूरोप के विद्वान् भी अब इस तरह कहने लगे[1],
देखो कि उलटे स्रोत सीधे किस तरह बहने लगे! ॥57॥

निज कार्य्य प्रभु की प्रेरणा ही थे नहीं हम जानते,
प्रत्युत उसे प्रभु का किया ही थे सदा हम मानते।
भय था हमें तो बस उसी का और हम किससे डरे?
हाँ, जब मरे हम तब उसी के प्रेम से विह्वल मरे ॥58॥

था कौन ईश्वर के सिवा जिसको हमारा सिर झुके!
हाँ, कौन ऐसा स्थान था जिसमें हमारी गति रुके?
सारी धरा तो थी धरा ही, सिन्धु भी बँधवा दिया;
आकाश में भी आत्म-बल से सहज ही विचरण किया[2] ॥59॥

हम बाह्य उन्नति पर कभी मरते न थे संसार में,
बस मग्न थे अन्तर्जगत के अमृत-पारावार में।
जड़ से हमें क्या, जब कि हम थे नित्य चेतन से मिले,
हैं दीप उनके निकट क्या जो पद्म दिनकर से खिले? ॥60॥

रौंदी हुई है सब हमारी भूमि इस संसार की,
फैला दिया व्यापार, कर दी धूम धर्म-प्रचार की।

---

1. यूरोप के अनेक डॉक्टरों की राय है कि निकट कुल में विवाह होने की रीति हानिकारक है। यदि यह रीति प्रचलित रही तो विद्वान और तेजस्वी बालक उत्पन्न न होंगे। इसी तरह मुरदे को गाड़ने की अपेक्षा जलाने की रीति वे लाभदायक समझने लगे हैं। प्रसिद्ध यूरोपीय तत्त्ववेत्ता हर्बर्ट स्पेन्सर पहले ही लिख गया था कि उसका मृत शरीर गाड़ा न जाय, जलाया जाय। ऐसा ही किया भी गया।
2. (क) "ततःप्रतस्थे भगवान् प्रयागात्तं मण्डनं पण्डितमाशु जेतुम्।
गच्छन् खस्सृत्या पुरमालुलोके महिष्मतीं मण्डनमण्डितां सा ॥"—शंकरदिग्विजय
अर्थात् मण्डन पण्डित को जीतने के लिए भगवान् शंकराचार्य ने प्रयाग से प्रस्थान किया और आकाश मार्ग से गमन करके मण्डन-मण्डित माहिष्मती नगरी को देखा।
(ख) "गालब, इदानीमेव विहायसा गत्वा मम बचनात्त्रं भवते कण्डवाय प्रियमावेदय यथा पुत्रवती शकुन्तला तच्छापविवृत्तौ स्मृतिमता दुष्यन्तेन प्रतिगृहीतेति" (अभिज्ञान शाकुन्तल)
अर्थात् हे गालब! इसी समय आकाश-मार्ग से कण्व के पास जाकर मेरी ओर से यह प्रिय समाचार सुना दे कि दुर्वासा का शाप मिट जाने पर आज दुष्यन्त ने पुत्रवती शकुन्तला को स्वीकार कर लिया।

कप्तान 'कोलम्बस' कहाँ था उस समय कोई कहे?
जब के सुचिह्न अमेरिका में हैं हमारे मिल रहे[1] ॥61॥

हम देखते फिरता हुआ जोड़ा न जो दिन-रात का–
करते कहो वर्णन भला फिर किस तरह इस बात का?
हम वर-वधू की भाँवरों से साम्य उसका कर चुके[2];
अब खोजने जाकर जिसे कितने विदेशी मर चुके! ॥62॥

आरम्भ जब जो कुछ किया, हमने उसे पूरा किया,
था जो असम्भव भी उसे सम्भव हुआ दिखला दिया।
कहना हमारा बस यही था विघ्न और विराम से–
करके हटेंगे हम कि अब मरके हटेंगे काम से ॥63॥

यह ठीक है, पश्चिम बहुत ही कर रहा उत्कर्ष है,
पर पूर्व-गुरु उसका यही पुरु वृद्ध भारतवर्ष है।
जाकर विवेकानन्द-सम कुछ साधु जन इस देश से–
करते उसे कृत्कृत्य हैं अब भी अतुल उपदेश से ॥64॥

वे जातियाँ जो आज उन्नति मार्ग में हैं बढ़ रहीं,
सांसारिकी स्वाधीनता की सीढ़ियों पर चढ़ रहीं।

---

1. सारे सभ्य संसार का यह विश्वास है कि 1495 ई. में कोलम्बस ने अमेरिका का आविष्कार किया। पर यह मत भ्रमात्मक है। वहाँ हिन्दू और बौद्धों के बहुत पुराने चिह्न मिले हैं। दक्षिणी अमेरिका के पेरू नामक राज्य में एक सूर्य्य मन्दिर है। इसकी मूर्ति का आकार उनाव (दतिया) के सूर्य्य-मन्दिर से मिलता है। और भी कई ऐसे चिह्न मिलते हैं जिससे बहुत पुराने जमाने में हिन्दुओं का वहाँ जाना साबित होता है। प्रोफेसर जान फ्रायर अमेरिका के 'हारपर्स' नामक मासिक पत्र में एक लेख लिखकर यह बात साबित कर चुके हैं कि कोलम्बस के सैकड़ों वर्ष पहले बौद्ध-प्रचारकगण वहाँ गये थे और उन्होंने बौद्ध-धर्म और एशियाई सभ्यता का प्रचार किया था।
2. प्रदक्षिणाप्रक्रमणात्कृशानोरुदर्चिषस्तनमिथुनं चकासे।
मेरोरुपान्तोष्विव वर्तमानमन्योन्यसंसक्तमहस्त्रियामम् ॥–'रघुवंश'
अर्थात् परस्पर मिला हुआ दिन-रात का जोड़ा मेरुपर्वत के चारों ओर घूमता हुआ जिस भाँति शोभित होता है उसी भाँति वह अज और इन्दुमती का जोड़ा बढ़ी हुई लपटें वाली अग्नि की प्रदक्षिणा करता हुआ शोभित हुआ।

यह तो कहें, यह शक्ति उनको प्राप्त कब, कैसे हुई?
यह भी कहें वे, दार्शनिक चर्चा वहाँ ऐसे हुई ॥65॥

यूनान ही कह दे कि वह ज्ञानी-गुणी कब था हुआ?
कहना न होगा, हिन्दुओं का शिष्य वह जब था हुआ।
हमसे आलौकिक ज्ञान का आलोक यदि पाता नहीं,
तो वह अरब यूरोप का शिक्षक[1] कहा जाता नहीं ॥66॥

संसार भर में आज जिसका छा रहा आतंक है,
नीचा दिखाकर रूस को भी जो हुआ निःशंक है,
जयपाणि जो वर्द्धक हुआ है एशिया के हर्ष का,
है शिष्य वह जापान भी इस वृद्ध भारतवर्ष का ॥67॥

---

1. (क) प्रायः तब नये और पुराने इतिहासवेत्ता इस बात को स्वीकार करते हैं कि दर्शन, विज्ञान और सभ्यता-सम्बन्धिनी सारी बातें यूनान ने भारतवर्ष ही से सीखी हैं और वहाँ से अथवा इसी प्रकार परस्पर सारे संसार ने प्राप्त कीं। यूरोप और अरब में यहीं से जाकर प्रकाश फैला। वर्तमान भूगोल, इतिहास और पुराने चिह्नों की खोज स्पष्टता से प्रकट करती है कि हिन्दू अपने देश हिन्दुस्तान में विद्या और कला-कौशल में प्रवीण होकर अन्य देशों में उसका प्रचार करने गये।
(ख) यूनान के प्राचीन इतिहास से पता लगता है कि अपरिचित लोग पूर्व की ओर से आकर वहाँ बसे। वे बहुत बड़े बुद्धिमान, विद्वान और कला-कुशल थे। उन्होंने वहाँ पर विद्या और वैद्यक का प्रचार किया, वहाँ के निवासियों को सभ्य और अपना विश्वासपात्र बनाया।
(ग) ग्रन्थकार एरियन और यूनान का इतिहास बतलाता है कि वे लोग जो पूर्व से आकर यूनान में बसे थे और जिन्होंने वहाँ के असभ्य निवासियों को अधीन किया था, कैसे थे! वे देवताओं के वंशज थे। उनके पास अपना निज का सोना था और अधिकता से था। वे रेशम के कामदार ऊनी दुशाले ओढ़ते थे, हाथीदाँत की वस्तुएँ व्यवहार में लाते थे और बहुमूल्य रत्नों के हार पहनते थे। इत्यादि। इसके सिवा नदियों, पहाड़ों और झीलों के ऐसे बहुत से नाम यूनान के भूगोल में मिलते हैं जिनका अर्थ यूनानी भाषा में कुछ नहीं होता, परन्तु संस्कृत में पूर्णतया होता है। बात यह है कि हिन्दुओं ने अपने प्यारे देश की याद में उन नदियों, पहाड़ों, झीलों और शहरों के भी नाम अपने देश के ढंग पर ही रक्खे थे।
(घ) महाभारत से भी यह प्रकट है कि कुरुक्षेत्र के युद्ध के अनन्तर हिन्दुओं के कितने ही घराने पश्चिम की ओर गये और यूनान फैनीशिया, फिलस्तीन, कार्थेज, रूस और मिस्र आदि देशों में जाकर बसे।

यूरोप भी जो बन रहा है आज कल मार्मिकमना,
यह तो कहे उसके खुदा का पुत्र कब धार्मिक बना?
था हिन्दुओं का शिष्य ईसा, यह पता भी है चला,
ईसाइयों का धर्म भी है बौद्ध साँचे में ढला[1] ॥68॥

संसार में जो कुछ जहाँ फैला प्रकाश-विकास है,
इस जाति की ही ज्योति का उसमें प्रधानाभास[2] है।
करते न उन्नति-पथ परिष्कृत आर्य्य जो पहले कहीं,
सन्देह है, तो विश्व में विज्ञान बढ़ता या नहीं ॥69॥

अनमोल आविष्कार यद्यपि हैं अनेकों कर चुके,
निज नीति, शिक्षा, सभ्यता की सिद्धि का दम भर चुके,
पर पीटते हैं सिर विदेशी आज भी जिस शान्ति को,
थे हम कभी फैला चुके उसकी अलौकिक कान्ति को ॥70॥

---

1. (क) हाल में रूस के नोटविच नामक यात्री को तिब्बत के हीमिस नामक मठ में ईसा का एक प्राचीन हस्तलिखित जीवन चरित मिला है। वह पाली भाषा में है और बड़ी-बड़ी दो जिल्दों में समाप्त हुआ है। ईसाइयों का कथन है कि ईसा ईश्वर का पुत्र था, और वह मरियम नाम की एक कुँवारी लड़की से पैदा हुआ था। परन्तु इस जीवनी से मालूम हुआ है कि वह इसराइल में पैदा हुआ था, और उसके माँ-बाप गरीब थे। 13, 14 वर्ष की उम्र में वह अपने माँ-बाप से रूठकर घर से भाग निकला और हिन्दुस्तान में आया। यहाँ वह राजगृह, काशी और जगन्नाथपुरी आदि स्थानों में घूमता रहा और आर्यों से वेदाध्ययन करता रहा। इसके बाद उसने पाली भाषा सीखी और वह शुद्ध बौद्ध हो गया। पर अपने देश को लौटकर उसने अपना नया धर्म चलाना चाहा; इस बखेड़े में उसे फाँसी की सजा हो गयी। इससे मालूम होता है कि अन्यान्य मतों के समान ईसाई धर्म्म भी भारतवर्ष की ही सामग्री से तैयार हुआ है।
(ख) दत्त साहब ने अपने इतिहास में बौद्ध और ईसाई धर्म्म की अद्भुत समानता के अनेक उदाहरण दिये हैं। इससे भी यही बात सिद्ध होती है।
2. ''हिन्दुओं के देवताओं की वंशावली'' नामक पुस्तक के रचयिता काण्ट जार्न्स जेर्ना लिखते हैं—''आर्यावर्त केवल हिन्दू धर्म्म का ही घर नहीं है, वरन् वह संसार की सभ्यता का आदि भाण्डार है। हिन्दुओं की सभ्यता क्रमशः पश्चिम की ओर इथोपिया, ईजिप्त और फैनीशिया तक; पूर्व दिशा में श्याम, चीन और जापान तक; दक्षिण में लंका, जावा, सुमात्रा तक; और उत्तर की ओर परशिया, चाल्डिया और कोल्चिस और वहाँ से यूनान और रोमहियर वोरियन्स के रहने के स्थान तक पहुँची।''

है आज पश्चिम में प्रभा जो पूर्व से ही है गयी,
हरते अँधेरा यदि न हम, होती न खोज नयी-नयी[1]।
इस बात की साक्षी प्रकृति भी है अभी तक सब कहीं,
होता प्रभाकर पूर्व से ही उदित पश्चिम से नहीं ॥71॥

अन्तिम प्रभा का है हमारा विक्रमी संवत् यहाँ,
है किन्तु औरों का उदय इतना पुराना भी[2] कहाँ?
ईसा मुहम्मद आदि का जग में न था तब भी पता,
कब की हमारी सभ्यता है, कौन सकता है बता ॥72॥

सर्वत्र अनुपम एकता का इस प्रकार प्रभाव था,
थी एक भाषा, एक मन था, एक सबका भाव था।
सम्पूर्ण भारतवर्ष मानो एक नगरी थी बड़ी,
पुर और ग्राम समूह संस्था थी मुहल्लों की लड़ी ॥73॥

हैं वायु-मण्डल में हमारे गीत अब भी गूँजते,
निर्झर, नदी, सागर, नगर, गिरि, वन सभी हैं कूजते।

---

1. धीरे-धीरे पश्चिम के विद्वान इस बात को मानने लगे हैं कि प्राचीन भारतवर्ष खूब उन्नत अवस्था में था और इसी ने यूरोप में तरह-तरह की विद्या कला और अन्य बहुत-सी वस्तुओं का प्रचार किया था। कुछ दिन हुए न्यूयार्क वासी डेलमार साहब का एक लेख 'इंडियन रिव्यू' में निकला था। उसमें आपने सिद्ध किया है कि पश्चिमी संसार को जिन बातों पर अभिमान है वे असल में भारतवर्ष से ही वहाँ गयी थीं। आप लिखते हैं कि तरह-तरह के फल-फूल पेड़ और पौधे जो इस समय योरुप में पैदा होते हैं, हिन्दुस्तान ही से लाकर वहाँ लगाये गये थे। इसके सिवा मलमल, रेशम, घोड़े, टीन, लोहे और सीसे का प्रचार भी योरुप में हिन्दुस्तान ही के द्वारा हुआ था। केवल यही नहीं, किन्तु ज्योतिष, वैद्यक, चित्रकारी और कानून भी भारतवासियों ने ही योरुप वालों को सिखाया था। पर अब समय के फेर को देखिए कि स्वयं भारतवासी इन विद्याओं को सीखने के लिए योरुप जाते हैं।
2. डॉक्टर कीलहार्न आदि पश्चिमी विद्वानों का सिद्धान्त है कि विक्रमादित्य ईसा की छठी शताब्दी में हुए, ईसा से 57 वर्ष पहले नहीं अतएव विक्रम संवत् ईसा के छठे शतक का है। परन्तु रायबहादुर सी.बी. वैद्य, एम.ए., एल.एल.बी. महाशय ने उक्त डाक्टर साहब एवं अन्यान्य योरोपीय विद्वानों के उपर्युक्त सिद्धान्त का अच्छी तरह से खण्डन करके यह सिद्ध कर दिया है कि शकारी विक्रमादित्य ने ईसा से 57 वर्ष पहले, शकों को परास्त करके भारतवर्ष से निकाल दिया और अपनी उस बड़ी भारी विजय की स्मृति के लिए विक्रम संवत् चलाया।

देखो हमारा विश्व में कोई नहीं उपमान था,
नर-देव थे हम और भारत? देव-लोक समान था ॥74॥

हमारी विद्या-बुद्धि

पाण्डित्य का इस देश में सब ओर पूर्ण विकास था,
बस, दुर्गुणों के ग्रहण में ही अज्ञता का वास था।
सब लोग तत्त्व-ज्ञान में संलग्न रहते थे यहाँ—
हाँ, व्याध भी वेदान्त के सिद्धान्त[1] कहते थे यहाँ! ॥75॥

जिसकी प्रभा के सामने रवि-तेज भी फीका पड़ा,
अध्यात्म-विद्या का यहाँ आलोक फैला था बड़ा!
मानस-कमल सबके यहाँ दिन-रात रहते थे खिले,
मानो सभी जन ईश की ज्योतिश्छटा में थे मिले ॥76॥

समझा प्रथम किसने जगत में गूढ़ सृष्टि-महत्त्व को?
जाना कहो किसने प्रथम जीवन-मरण के तत्त्व को?
आभास ईश्वर-जीव का कैवल्य तक किसने दिया?
सुन लो, प्रतिध्वनि हो रही, यह कार्य्य आर्य्यों ने किया ॥77॥

हम[2] वेद, वाकोवाक्य विद्या, ब्रह्मविद्या-विज्ञ थे,
नक्षत्र-विद्या, क्षत्र-विद्या, भूत-विद्याऽभिज्ञ थे।

1. व्याध गीता।
2. महर्षि सनत्कुमार के पूछने पर ऋषि नारद ने कहा कि मैंने ये विद्याएँ पढ़ी हैं—
''सहोवाचर्ग्वेदं भगवोऽध्येमि यजुर्वेद सामवेदमाथर्वणं चतुर्थमितिहासपुराणं पच्चमं वेदानां वेदं पित्र्य् राशि दैवं निधिं वाकोवाक्यमेकायनं देवविद्यां ब्रह्मविद्यां भूतविद्यां छत्रविद्यां नक्षत्रविद्यां सर्पदेवजन विद्यामेतद् भगवोऽध्येमि।''—छान्दोग्योपनिषद्
अर्थात् हे भगवान! मैंने ऋग्वेद, यजुर्वेद, सामवेद, अथर्ववेद, इतिहास, पुराण, वेदों के अर्थविदायक ग्रन्थ, पितृविद्या, राशिविद्या, दैवविद्या, निधिविद्या वाकोवाक्यविद्या, एकायनविद्या, देवविद्या, ब्रहाविद्या, भूतविद्या, क्षत्रविद्या, नक्षत्रविद्या और सर्पदेवजनविद्याओं का अध्ययन किया है।

निधि-नीति-विद्या, राशि-विद्या, पित्र्य-विद्या में बढ़े,
सर्पादि-विद्या, देव-विद्या, दैव-विद्या, थे पढ़े ॥78॥

आये नहीं थे स्वप्न में भी जो किसी के ध्यान में,
वे प्रश्न पहले हल हुए थे एक हिन्दुस्तान में[1]!
सिद्धान्त मानव-जाति के जो विश्व में वितरित हुए,
बस, भारतीय तपोवनों में थे प्रथम निश्चित हुए ॥79॥

थे योग-बल से वश हमारे नित्य पाँचों तत्त्व भी,
मर्त्यत्व में वह शक्ति थी रखता न जो अमरत्व भी।
संसार-पथ में वह हमारी गति कहीं रुकती न थी,
विस्तृत हमारी आयु वह चिरकाल तक चुकती न थी ॥80॥

जो श्रम उठाकर यत्न से की जाय खोज जहाँ तहाँ,
विश्वास है, तो आज भी योगी मिलें ऐसे यहाँ—

इन विद्याओं की व्याख्या भारतवर्ष के इतिहास में इस तरह की गयी है—'इतिहास पुराण', 'वेदानां वेदम्' अर्थात् वेदों के अर्थ जिन विद्याओं से जाने जायँ यथा व्याकरण, निरुक्तादि, 'पित्र्यम्' पितरों को प्रसन्न रखने की विद्या, 'राशिम्' गणित-विद्या, 'दैवम्' उत्पातविद्या यथा भूकम्प, जलप्लावन, विद्युत्कोप, वायुकोप, 'निधिम्' खानों की विद्या, 'वाकोवाक्यम्' तर्कशास्त्र, 'एकायनम्' नीतिविद्, 'देवविद्याम्' ठीक-ठीक नहीं कहा जा सकता कि यहाँ 'देव' शब्द का क्या अभिप्राय है। परन्तु ब्राह्मण ग्रन्थों में जो आठ वसु ग्यारह रुद्र बारह आदित्य, बिजली और हवन यज्ञ को तैंतीस देव माना है, यदि उनकी व्याख्या देवविद्या में हो तो निस्सन्देह यह विद्या बहुत बड़ी होगी, जिसके अन्तर्गत सम्पूर्ण तत्त्वविद्या तथा रसायन, शिल्पादि सभी होंगे और साथ ही मैटर व तत्त्व से भिन्न चेतन जीव की भी व्याख्या होगी। 'ब्रह्म विद्याम्' जिसमें ब्रह्म की व्याख्या हो, 'भूतविद्याम्' प्राणियों की विद्या अर्थात् प्राणियों के प्रकार वर्णन तथा उनकी रचनादि 'क्षत्र-विद्याम्' धनुर्विद्या तथा राजशासनविद्या 'नक्षत्रविद्याम्' ज्योतिष, 'सर्पदेवजनविद्याम्' का तात्पर्य ठीक-ठीक नहीं ज्ञात होता परन्तु सम्भव है कि इसमें सर्पों के विष दूर करने की विद्या देव और जन से सम्बन्ध रखने वाली अनेक प्रकार की विद्याओं का वर्णन हो। सम्भव है कि इस व्याख्या में कहीं-कहीं विद्वानों का मतभेद हो।

2. अध्यापक मैक्समूलर ने अपने एक व्याख्यान में एक बार कहा था कि यदि कोई मुझसे यह बात पूछे कि वह देश कौन और कहाँ है जहाँ पर मनुष्यों ने इतनी मानसिक उन्नति की है कि वह उत्तमोत्तम गुणों की वृद्धि कर सका हो और जहाँ की मानव सम्बन्धी बड़ी-बड़ी गूढ़ बातों पर विचार किया गया हो और जहाँ उनके हल करने वाले पैदा हुए हों तो मैं यही उत्तर दूँगा कि वह देश भारतवर्ष है।

जो शून्य में संस्थित रहें* भोजन बिना न कभी मरें;
अविचल समाधिस्थित रहें, द्रुत देह परिवर्तित करें ॥81॥

हाँ, वह मनःसाक्षित्व-विद्या[1] की विलक्षण साधना;
वह मेस्मरेजिम[2] की महत्ता, प्रेत-चक्राराधना[3]।
आश्चर्यकारक और भी वे आधुनिक बहु वृद्धियाँ,
कहना वृथा है, हैं हमारे योग की लघु सिद्धियाँ ॥82॥

हमारा साहित्य

साहित्य का विस्तार अब भी है हमारा कम नहीं;
प्राचीन किन्तु नवीनता में अन्य उसके सम नहीं।
इस क्षेत्र से ही विश्व के साहित्य-उपवन हैं बने;
इसको उजाड़ा काल ने आघात कर यद्यपि घने ॥83॥

वेद

फैला यहीं से ज्ञान का आलोक सब संसार में,
जागी यहीं थी जग रही जो ज्योति अब संसार में।
इंजील और कुरान आदिक थे न तब संसार में—
हमको मिला था दिव्य वैदिक बोध जब संसार में ॥84॥

जिनकी महत्ता का न कोई पा सका है भेद ही,
संसार में प्राचीन सबसे हैं हमारे वेद ही।
प्रभु ने दिया यह ज्ञान हमको सृष्टि के आरम्भ में,
है मूल चित्र पवित्रता का सभ्यता के स्तम्भ में ॥85॥

विख्यात चारों वेद मानो चार सुख के सार हैं,
चारों दिशाओं के हमारे वे जय-ध्वज चार हैं।
वे ज्ञान-गरिमागार हैं, विज्ञान के भाण्डार हैं;
वे पुण्य-पारावार हैं, आचार के आधार हैं ॥86॥

---

* काशी में एक ऐसे महात्मा थे।—कृष्णदास

1. थॉट रीडिंग। 2. मेस्मरेजिम। 3. सरकिल।

उपनिषद्

जो मृत्यु के उपरान्त भी सबके लिए शान्तिप्रदा—
है उपनिषद्विद्या हमारी एक अनुपम सम्पदा।
इस लोक को परलोक से करती वही एकत्र है,
हम क्या कहें, उसकी प्रतिष्ठा हो रही सर्वत्र[1] है ॥87॥

सूत्रग्रन्थ

उन सूत्र-ग्रन्थों का अहा! कैसा अपूर्व महत्त्व है,
अत्यल्प शब्दों में वहाँ सम्पूर्ण शिक्षा-तत्त्व है।
उन ऋषि-गणों ने सूक्ष्मता से काम कितना है लिया,
आश्चर्य है, घट में उन्होंने सिन्धु को है भर लिया! ॥88॥

दर्शन

उस दिव्य दर्शन-शास्त्र में है कौन हमसे अग्रणी?
यूनान, यूरुप, अरब आदिक हैं हमारे ही ऋणी[2]।
पाये प्रथम जिनसे जगत ने दार्शनिक संवाद है—
गौतम, कपिल, जैमिन, पतंजलि, व्यास और कणाद है ॥89॥

---

1. उपनिषदों के प्रत्येक पद से गम्भीर और नवीन विचार उत्पन्न होते हैं और सबमें उत्कृष्ट पवित्र और सच्चे भाव विद्यमान हैं। भारतीय वायुमण्डल हमें घेरे हुए है और अनुरूप आत्माओं के नवीन विचार भी हमारे चारों ओर हैं। समस्त संसार में मूल पदार्थों को छोड़कर किसी अन्य विद्या का ज्ञान ऐसा लाभदायक और हृदय उच्च बनानेवाला नहीं है, जैसा कि उपनिषदों का। इसने मेरे जीवन को शान्ति दी है और यह मृत्यु के समय भी मुझे शान्ति देगा।

—जर्मन तत्त्ववेत्ता स्कोपनहार

2. (क) यूरोप के प्रथम दार्शनिक प्लेटो और पाथागोरस दोनों ही दर्शनशास्त्र के सम्बन्ध में भारतवासी हिन्दुओं के निकट सब तरह से ऋणी हैं।

—मानियर विलियम्स

(ख) लैथब्रिज साहब ने अपने इतिहास में हिन्दुओं के विषय में लिखते हुए बहुत ही दुराग्रह और पक्षपात का परिचय दिया है; किन्तु उन्हें भी मानना पड़ा है कि दर्शनशास्त्र के आदि गुरु आर्य ही हैं।

दृष्टान्त[1] दर्शन ही हमारी उच्चता के हैं बड़े,
हैं कह रहे सबसे वही संसार में होकर खड़े—
"हे विश्व! भारत के विषय में फिर कुशंकाएँ करो—
हम दर्शनों का साम्य पहले आज भी आगे धरो" ॥90॥

गीता

यह क्या हुआ कि अभी अभी तो रो रहे थे ताप से,
हैं और अब हँसने लगे वे आप अपने आप से।
ऐं क्या कहा? निज चेतना पर आ गयी उनको हँसी,
गीता-श्रवण के पूर्व थी जो मोह माया में फँसी ॥91॥

धर्मशास्त्र

रचते कहीं मन्त्रादि ऋषि वे धर्मशास्त्र न जो यहाँ,
कानून[2] ताजीरात जैसे आज वे बनते कहाँ?
उन संहिताओं के विमल वे विधि-निषेध विधान हैं—
या लोक में, परलोक में, वे शान्ति के सोपान हैं ॥92॥

---

1. यदि यह बात सत्य हो (जो निस्सन्देह सत्य ही है) कि केवल बड़ी-बड़ी जातियाँ ही सच्चे दार्शनिक और पूर्ण दर्शनशास्त्र उत्पन्न कर सकती हैं, तो हिन्दुओं को संसार में सबसे बड़ी जाति मानना ही पड़ेगा। प्रोफेसर मैक्समूलर साहब कहते हैं—"जो राज्य उन्नति के उच्चतम शिखर पर स्थित होता है, जिस राज्य में भीतरी और बाहरी शत्रुओं के आक्रमण की कुछ भी आशंका नहीं होती, जिस राष्ट्र के लोग धन सम्पत्ति की वृद्धि के साथ ही साथ अनेक विद्या-मन्दिर और विश्वविद्यालय स्थापित करके, बिना किसी विघ्नबाधा के, विद्या की आलोचना में मन लगा सकते हैं, उसी सभ्य समुन्नत राष्ट्र में दर्शनशास्त्र का आविर्भाव होता है।"
इससे यह सिद्ध होता है कि कपिल, गौतम और पतंजलि जैसे अद्वितीय दार्शनिक उत्पन्न करने के पहले ही हिन्दू-जाति सभ्यता के उच्चतम शिखर पर पहुँच चुकी थी।—हिन्दू सुपीरियरटी
2. बहुत लोगों की राय है कि 'ताजीरात हिन्द' की अनेक बातें मनुस्मृति आदि से ली गयी हैं। अस्तु, लेखक के कहने का यहाँ पर यही मतलब है कि कानून का ज्ञान भी यूरोपवालों को पहले भारतवासियों के द्वारा प्राप्त हुआ। जैसा कि एक पिछले नोट में सिद्ध किया जा चुका है। देखिए नोट नं. 1 पृष्ठ 338।

नीति

निज नीति-विद्या का हमें रहता यहाँ तक गर्व था—
हम आप जिस पथ पर चलें सत्पथ वही है सर्वथा[1]।
सामान्य नीति समेत ऐसे राजनैतिक ग्रन्थ हैं—
संसार के हित जो प्रथम पुण्याचरण के पन्थ हैं ॥93॥

चाणक्य-से नीतिज्ञ थे हम और निश्चल निश्चयी,
जिनके विपक्षी राजकुल की भी इतिश्री[2] हो गयी।
है विष्णुशर्मा ने घड़े में सिन्धु सचमुच भर दिया—
कहकर कहानी ही जड़ों को पूर्ण पण्डित[3] कर दिया! ॥94॥

---

1. इस पद्य का पूर्वार्द्ध निम्नलिखित श्लोक को लक्ष्य करके लिखा गया है—

   वयमिह पदविद्यां तर्कमान्वीक्षिकीं वा,
   यदि पथि विपथे वा वर्तयामः स पन्थाः।
   उदयति दिशि यस्यां भानुमान् सैव पूर्वा,
   न हि तरणिरुदीते दिक्पराधीनवृत्तिः ॥ —उदयनाचार्य्य

   अर्थात् व्याकरण, तर्क और नीतिशास्त्र में जिस ओर हम चल पड़े वही सन्मार्ग है। जिस दिशा में सूर्योदय हो वही पूर्व दिशा है, दिशा के अधीन होकर सूर्य्य उदित नहीं होता।

2. चाणक्य के द्वारा नन्दवंश के विनाश और चन्द्रगुप्त को राज्य दिलाने की कथा मुद्राराक्षस नाटक में सविस्तार वर्णित है।

3. अमरशक्ति नाम का एक राजा था। बहुशक्ति, उग्रशक्ति और अनन्तशक्ति नाम के उसके तीन पुत्र थे। वे बड़े मूर्ख थे। उनको पढ़ाने के लिए अमरशक्ति ने अनेकों उपाय किये पर वे न पढ़ सके। इस पर विष्णु शर्मा नामक एक नीति-कुशल पण्डित ने उन्हें छह महीने में नीतिज्ञ कर देने का राजा को वचन दिया और मित्र-भेद, मित्र-समाप्ति, काकोलूकीय, लब्धप्रणाश और अपरीक्षित ये पंचतन्त्र पढ़ाकर उन महामूर्खों को पूर्ण पण्डित बना दिया।

   पंचतन्त्र की जितनी प्रशंसा की जाय थोड़ी है। इसकी उपयोगिता इसी से सिद्ध है कि यूरोप की प्रायः तमाम भाषाओं में इसका अनुवाद हो गया है। इसके अनुवादों के विषय में दत्त साहब लिखते हैं--इस ग्रन्थ का अनुवाद नौशेरवाँ के राज्य में (531-572) फारसी में किया गया था। फारसी का उल्था अरबी भाषा में हुआ और अरबी से समीअन सेठ ने सन् 1080 के लगभग इसका यूनानी भाषा में अनुवाद किया। फिर यूनानी से इसका उल्था लैटिन भाषा में पौसिनस ने किया। और इसका हिब्रू भाषा में अनुवाद रेवोजोल ने सन् 1250 के लगभग किया। अरबी अनुवाद का एक उल्था स्पेन की भाषा में सन् 1251 के लगभग प्रकाशित हुआ। जर्मन भाषा में पहला अनुवाद 15वीं शताब्दी में हुआ और उस समय से इस ग्रन्थ का अनुवाद यूरोप की सब भाषाओं में हो गया है और वह पिलपें वा विडपे की कहानियों के नाम से प्रसिद्ध है।

ज्योतिष

वृत्तान्त पहले व्योम का प्रकटित हमीं ने था किया,
वह क्रान्तिमण्डल था हमीं से अन्य देशों ने लिया[1]।
थे आर्य्यभट, आचार्य भास्कर-तुल्य ज्योतिर्विद यहाँ,
अब भी हमारे 'मान मन्दिर' वर्णनीय नहीं कहाँ? ॥95॥

अंकगणित

जिस अंक-विद्या के विषय में बाद का मुँह बन्द है,
वह भी यहाँ के ज्ञान-रवि की रश्मि एक अमन्द है।
डर कर कठोर कलंक से, वा सत्य के आतंक से—
कहते अरब वाले अभी तक 'हिन्दवी' ही अंक[2] से ॥96॥

रेखागणित

उन 'सुल्व-सूत्रों' के जगत में जन्मदाता हैं हमीं,
रेखागणित के आदि ज्ञाता या विधाता[3] हैं हमीं।

---

1. प्रोफेसर वेबर और कोलब्रक साहब ने यह सिद्ध कर दिखाया है कि चीन और अरब की ज्योतिष विद्या का विकास भारतवर्ष से ही हुआ है। हिन्दुओं का क्रान्ति-मण्डल उन्हीं का है। निस्सन्देह उन्हीं से अरब वालों ने उसे लिया था।
2. (क) इस शास्त्र में हिन्दू लोग संसार की सब जातियों से बढ़कर हैं। मैंने अनेक भाषाओं के अंकों के नामों को सीखा है। परन्तु मैंने किसी जाति में भी हजार के आगे के लिए कोई नाम नहीं पाया। परन्तु हिन्दू लोगों में अट्ठारह अंक की संख्याओं तक के नाम हैं और वे परार्द्ध कहते हैं।—एलबरूनी
(ख) दशमलव के सिद्धान्त के अनुसार अंकों के रक्खे जाने के लिए संसार हिन्दुओं का अनुग्रहीत है और इस सिद्धान्त के न होने से गणित शास्त्र का होना ही असम्भव था। पहले पहल अरब लोगों ने अंक लिखने की यह रीति हिन्दुओं से ही सीखी। उन्होंने यूरोप में उसका प्रचार किया। प्राचीन यूनानी और रोमन लोग अंकों को लिखने की इस रीति को न जानते थे। इसलिए वे अंकगणित में उन्नति न कर सके।—आर.सी. दत्त
(ग) अरब वालों ने यह विद्या हिन्दुओं ही से सीखी थी। इसी कारण इस विद्या को वे 'इल्मेहिन्दसा' अर्थात् हिन्द या भारत की विद्या कहते हैं।—'भारतवर्ष का इतिहास'
3. (क) बीजगणित तथा रेखागणित का अविष्कार और ज्योतिष के साथ उनका प्रथम प्रयोग हिन्दुओं के द्वारा ही हुआ।—मानियर विलियम्स
(ख) संसार रेखागणित के लिए भारतवर्ष का ही ऋणी है, यूनान का नहीं।—डाक्टर थीवो
(ग) हिन्दुओं ने रेखागणित के मूल नियम निकाले और उसे यूनानियों को सिखलाया।
—आर.सी. दत्त

हमको हमारी वेदियाँ पहले इसे दिखला चुकीं—
निज रम्य-रचना हेतु वे रेखागणित सिखला चुकीं ॥97॥

सामुद्रिक और फलित ज्योतिष

आकार देख प्रकार थे हम जान जाते आप ही,
वे शास्त्र 'सामुद्रिक' सरीखे थे बनाते आप ही।
विज्ञान से भी 'फलित ज्योतिष' हो रहा अब सिद्ध है[1],
यद्यपि अविज्ञों से हुआ वह निन्द्य और निषिद्ध है ॥98॥

भाषा और व्याकरण

प्राचीन ही है जो न, जिससे अन्य भाषाएँ बनी;
भाषा हमारी देववाणी श्रुति-सुधा से है सनी।
है कौन भाषा यों अमर व्युत्पत्ति रूपी प्राण से[2]?
हैं अन्य-भाषा शब्द उसके सामने म्रियमाण से ॥99॥

निकला जहाँ से आधुनिक वह भिन्न-भाषा तत्त्व है,
रखती न भाषा एक भी संस्कृत समान महत्त्व है।

---

1. मद्रास के बी. सूर्य्यनारायण राव बी.ए. बड़े भारी ज्योतिषी हैं। आपने विज्ञान से फलित ज्योतिष की सत्यता सिद्ध कर दी है जिसका आभास सरस्वती के बारहवें भाग की बारहवीं संख्या में फलित ज्योतिष नामक निबन्ध में दिया गया है।
2. (क) श्केजल साहब अपने लेख में लिखते हैं कि संसार की प्रचलित भाषाओं में कोई भाषा इतनी पूर्ण नहीं है जितनी कि संस्कृत। इतने शब्दों के धातुओं का पता साफ-साफ रीति से किसी भाषा में नहीं मिलता है जितना कि संस्कृत में।
(ख) डाक्टर बेल टाइन लिखते हैं कि संस्कृत ही समस्त भाषाओं की जननी है।
(ग) डब्ल्यू. सी. टेलर महोदय की राय है कि संस्कृत की समता संसार की कोई भाषा नहीं कर सकती। यूरोप की तमाम भाषाएँ, जिनको हम क्लासिकल कहते हैं, इसी से निकली हैं।
(घ) यूरोप में इस शताब्दी में एक बड़ी भारी बात यह जानी गयी है कि किसी भाषा में जो लाखों शब्द होते हैं उनकी व्युत्पत्ति का पता बहुत थोड़े से मूल शब्दों से लगाया जा सकता है। भारतवर्ष में 3000 वर्ष हुए कि पाणिनि के समय के पहले यह बात जानी जा चुकी थी और इस बड़े वैयाकरण ने अपने समय के संस्कृत शब्दों की व्युत्पत्ति भी की थी।—आर.सी. दत्त

पाणिनि सदृश वैयाकरण संसार भर में कौन है[1]?
इस प्रश्न का सर्वत्र उत्तर उत्तरोत्तर मौन है ॥100॥

वैद्यक

उस वैद्यविद्या के विषय में अधिक कहना व्यर्थ है,
सुश्रुत, चरक रहते हुए सन्देह रहना व्यर्थ है।
अनुवादकर्त्ता आज भी उपहार उनके पा रहे,
हैं आर्य्य-आयुर्वेद के सब देश सद्गुण गा रहे[2] ॥101॥

थे हार जाते अन्य देशी वैद्यवर जिस रोग से–
हम भस्म करते थे उसे बस भस्म* के ही योग से।

---

1. (क) प्रोफेसर मैक्समूलर साहब लिखते हैं कि केवल हिन्दुओं और यूनानियों ने व्याकरण शास्त्र की उन्नति की। परन्तु यूनानियों ने व्याकरण में जो सफलता प्राप्त की वह पाणिनि के जो संसार भर में सबसे बड़ा वैयाकरण हुआ, ग्रन्थ के आगे कुछ भी नहीं है।
(ख) यह संस्कृत विद्या का ही ज्ञान था, जिससे कि इस शताब्दी के योरोप के विद्वानों ने भाषा-तत्त्व को निकाला और बौप और ग्रिम साहबों तथा बहुत से अन्य विद्वानों ने अन्य भाषाओं के शब्दों की व्युत्पत्ति उसी भाँति की जैसे कि पाणिनि ने संस्कृत भाषा की व्युत्पत्ति आर्य्यों के इतिहास के पूर्वकाल में की थी जब कि एथेन्स और रोम जाने नहीं गये थे।–आर.सी. दत्त
2. (क) इन ग्रन्थों के नाम दूसरे देशों में भी प्रसिद्ध हुए और आठवीं शताब्दी में हारूँरसीद के समय में, इन ग्रन्थों के अनुवाद से अरब लोग परिचित थे। एक सबसे प्राचीन अरब ग्रन्थकार सेरापियन चरक को 'जरक' के नाम से लिखता है एक और अरब ग्रन्थकार ऐविसेना उसे 'सिरक' के नाम से बताता है और रहाजेज जो कि ऐविसेना के पहले हुआ है, उसे 'सरक' के नाम से लिखता है।–आर.सी. दत्त
(ख) इल्मेतिव (वैद्यक) निहायत कदीम मुसन्निफ, जिनकी तसानीफ अब तक मौजूद है, चरक और सुश्रुत हैं। उनकी किताबों का तर्जुमा अरबी जबान में हुआ। और जिन गालिब है कि अरब वाले उनका तर्जुमा होते ही तहसील उलूम की तरफ मुतवज्जह हुए। अरबी जबान के मुसन्निफ एलानिया इकरार करते हैं कि हमने हिन्दोस्तान के तबीबों से बेशक फायदा उठाया है। इब्तिदा में पहले यूरोप ने इस इल्म की तालीम उन्हीं (हिन्दुओं) से पायी। और जमाना हाल में भी दमा की बीमारी में हुक्के में धतूरा पिलाना और कोंच की फलों से कीड़ों का इलाज करना उन्हीं से सीखा।–मौलाना हाली
(ग) अभी कुछ दिन हुए कि चरक का अंग्रेजी में अनुवाद करने के उपलक्ष में एक बंगाली सज्जन को सरकार ने 6000) दिये थे।

* रसादिक।

थे दूर देशों के नृपति हमको बुलाकर मानते[1],
इतिहास साक्षी है, हमें सब थे जगतगुरु जानते ॥102॥

है आज कल की डाक्टरी जिससे महा महिमामयी,
वह 'आसुरी' नामक चिकित्सा है यहीं से ली गयी[2]।
नाड़ी-नियम-युत रोग के निश्चित निदान हुए यहाँ,
सब औषधों के गुण समझ कर रस-विधान हुए यहाँ ॥103॥

कवि और काव्य

कविवर्य्य शेक्सपीयर तथा होमर सदा सम्मान्य हैं,
विख्यात फिरदौसी-सदृश कवि और भी अन्यान्य हैं।

---

1. जब आजकल भारतवर्ष के प्रत्येक भाग में स्वास्थ्य और चिकित्सा के लिए विदेशियों की विद्या और निपुणता की आवश्यकता होती है तब 2200 वर्ष पहले सिकन्दर ने अपने यहाँ उन लोगों की चिकित्सा के लिए हिन्दू वैद्यों को रक्खा था जिनकी चिकित्सा यूनानी नहीं कर सके थे। और 1100 वर्ष हुए कि बगदाद के हारूँरसीद ने अपने यहाँ दो हिन्दू वैद्य रखे थे जो अरबी ग्रन्थों में मनका और सलह के नाम से विख्यात हैं।—आर.सी. दत्त
2. (क) आयुर्वेद में चिकित्सा के तीन भेद हैं तथा—

   "असुरो मानुषी दैवी चिकित्सा त्रिविधा मता।
   शस्त्रैः कषायैलोहाद्यैः क्रमेणान्त्या मुपूजिता ॥"

   किसी-किसी ने आसुरी चिकित्सा को राक्षसी भी लिखा है—

   "रसादिभिर्या क्रियते चिकित्सा दैवीति वैद्यै परकीर्तिता सा।
   सा मानुषी याऽयं कृता फलाद्यैः सा राक्षसी शस्त्रकृता भवद्या ॥"

   अर्थात् वैद्य लोग रसादिक से की हुई चिकित्सा को दैवी, फल-मूलादि से की हुई को मानुषी और शस्त्रादि से चीड़-फाड़ने की चिकित्सा को राक्षसी चिकित्सा कहते हैं।

   (ख) प्राचीन काल में हिन्दुओं को शस्त्रचिकित्सा (चीड़-फाड़) करने में संकोच न था। उन्होंने वैद्यक में यूनानियों से कुछ भी नहीं सीखा, वरन् उन्हीं को बहुत कुछ सिखलाया। आठवीं शताब्दी में संस्कृत से जो पुस्तकें अनुवादित हुईं उन्हीं पर अरब के वैद्यक की नींव पड़ी और सत्रहवीं शताब्दी तक योरुप के वैद्य अरब वालों के (वास्तव में हिन्दुओं के) नियमों पर चलते थे। आठवीं शताब्दी से पन्द्रहवीं शताब्दी तक वैद्यक की जो जो पुस्तकें योरुप में बनती रहीं उनमें चरक के वाक्यों के प्रमाण दिये गये हैं।

   —डाक्टर हण्टर

   (ग) शस्त्र चिकित्सा में हिन्दुओं ने जो सफलता प्राप्त की थी वह उसी प्रकार आश्चर्यजनक है जिस प्रकार रसायन-शास्त्र उन्नति में उनकी सफलता।

   —आनरेबिल अलफेन्स्टन

पर कौन उनमें मनुज-मन को मुग्ध इतना कर सके—
वाल्मीकि, वेदव्यास, कालीदास जितना कर सके[1]? ॥104॥

इतिहास

संसार भर के ग्रन्थ-गिरि पर चित्त से पहले चढ़ो,
उपरान्त रामायण तथा गीता-ग्रथित भारत पढ़ो।
कोई बता दो फिर हमें, ध्वनि सुन पड़ी ऐसी कहाँ[2]?
हे हरि! सुनें केवल यही ध्वनि अन्त में हम हों जहाँ ॥105॥

यद्यपि अतुल, अगणित हमारे ग्रन्थ रत्न नये नये—
बहु बार अत्याचारियों से नष्ट-भ्रष्ट किये गये[3]।

---

1. (क) नयी रोशनी वाले पाठकगण! आपने इलियड पढ़ा है, दान्ते, शेक्सपियर, मिल्टन, याद किया है, सादी और फिरदौसी को कण्ठ कर डाला है, किन्तु हृदयान्वेषण कीजिए और बतलाइए कि कौन-सी कथा हृदय में सरस भावपूर्ण प्रतीत होती है? कौन-सी कथा से हृदय अधिकतर आलोकित, प्रोत्साहित और मुग्ध होता है? भीष्म पितामह की अपूर्व वीरता, दुःखिनी सीता की अपूर्व पातिव्रत-कथा प्रत्येक हिन्दू-सन्तान की नस नस में गुँथ रही है। हे परमेश्वर! यह कथा हिन्दू जाति कभी न भूले।—आर.सी. दत्त
(ख) 'शकुन्तला' काव्य के विख्यात कर्त्ता कालिदास ने प्रेम-पात्रों के अन्तःकरणों पर प्रभाव रखने वाले स्वभाव का उत्कृष्ट दिग्दर्शन किया है। विचार-तरंगमार्दव और कल्पना शक्ति की उदात्त उत्पत्ति, इन दो बातों ने उनको सम्पूर्ण राष्ट्र (या जगत) के कवियों में अत्यन्त उच्च पद दिया है।—जर्मन तत्त्ववेत्ता हंबोल्ड
2. कितने हजार वर्षों से यह पुण्य कथा (रामायण और महाभारत) भारतवर्ष में ध्वनित और प्रतिध्वनित हो रही है। सुन्दर बंगदेश में तुषार-पूर्ण पर्वत-वेष्ठित काश्मीर में, वीरप्रसू राजस्थान और महाराष्ट्र भूमि में सागर प्रक्षालित कर्नाटक और द्रविड़ में कितने हजार वर्षों से यह गीत ध्वनित हो रहा है। हम लोग यह शिक्षा कभी न भूलें गौरव के दिनों में इन्हीं अनन्त गीतों ने हमारे पूर्वजों को प्रोत्साहित किया था। हस्तिना, अयोध्या, मिथिला, काशी, मगध और उज्जयिनी प्रभृति देशों को इन्हीं गीतों ने वीरत्व और यश से प्लावित किया था। दुर्दिनों में इन्हीं गीतों को गाकर समरसिंह, संग्रामसिंह और प्रतापसिंह ने धर्म की रक्षा के लिए हृदय का शोणित दान किया था।......आज दीन-दुर्बल हिन्दुओं के आश्वासन का स्थान यही पूर्व गीत मात्र है। ईश्वर से प्रार्थना है कि विपद में, विषाद में, दुर्बलता में हम लोग यह पूर्व कथा न भूलें, जब तक जातीय जीवन रहे हृदय-तन्त्री इन्हीं गीतों के साथ गुंजारती रहे।—आर.सी. दत्त
3. (क) इतिहास बतलाता है कि हमारे अनेक बड़े-बड़े पुस्तकालय अत्याचारियों ने जलवा दिये। 'तबकाते नासरी' में लिखा है कि कुतुबद्दीन ऐदक के जमाने में जब बिहार फतह हुआ तब एक लाख के करीब तो सिर्फ ब्राह्मण ही कतल किये गये

पर हाय! आज रही सही भी पोथियाँ यों कह रहीं—
क्या तुम वही हो! आज तो पहचान तक पड़ते नहीं ॥106॥

कला-कौशल

अब लुप्त-सी जो हो गयी रक्षित न रहने से यहाँ,
सोचो तनिक, कौशल्य की इतनी कलाएँ थीं कहाँ?
लिपि-बद्ध चौंसठ नाम उनके आज भी हैं दीखते,
दस चार विद्या-विज्ञ होकर हम जिन्हें थे सीखते ॥107॥

शिल्प

हाँ, शिल्प-विद्या वृद्धि में तो थी यहाँ यों अति हुई—
होकर महाभारत इसी से देश की दुर्गति हुई!
मय-कृत भवन में यदि सुयोधन थल न जल को जानता—
तो पाण्डवों के हास्य पर यों शत्रुता क्यों ठानता? ॥108॥

प्रस्तुत-विनिर्मित पुर यहाँ थे और दुर्ग बड़े बड़े[1]
अब भी हमारे शिल्प गुण के चिह्न कुछ कुछ हैं खड़े।

और हिन्दुओं का एक कदीमी कुतुबखाना जिसमें बहुत पुरानी किताबें मौजूद थीं जला दिया गया।

(ख) सन् 1212 ई. में बख्तियार खिलजी के सेना नायक मुहम्मद बिनसाम के हुक्म से उदन्तापुरी, बिहार, नालन्दा और बुद्ध गया के पुस्तकालय जला दिये गये।

(ग) अलाउद्दीन खिलजी ने अह्लिलवाड़पाटन का मशहूर पुस्तकालय जलवा डाला। और तवारीख फीरोजशाही से ज्ञात होता है कि फिरोज तुगलक ने कौहाने में बहुत-सी संस्कृत पुस्तकें जलवा डालीं।

(घ) 'सैर मुताखरीन' से मालूम होता है कि औरंगजेब जहाँ जो संस्कृत पुस्तक पाता था, जलवा देता था।

1. (क) ऋग्वेद में मं. 4 सू. 30 ऋ. 20 आदि कई जगहों पर पत्थर के बने हुए सैकड़ों नगरों का वर्णन है और मं. 7 सू. 3 ऋ. 7, मं. 7 सू. 15 ऋ. 14, मं. 7 सू. 95 ऋ. 1 आदि में लोहे के नगरों आदि का भी वर्णन है जिससे हम लोगों को बड़े मजबूत किले समझना चाहिए।—आर.सी. दत्त

भू-गर्भ से जब तक निकलतीं वस्तुएँ ऐसी यहाँ—
जो पूछ उठती हैं कि ऐसी थी हुई उन्नति कहाँ? ॥109॥

वह सिन्धु-सेतु बचा अभी तक, दक्षिणी मन्दिर बचे,
कब और किसने, विश्व में, यों शिल्प-चित्र कहाँ रचे?
वह उच्च यमुनास्तम्भ* लोहस्तम्भ-युक्त निहार लो[1],
प्राचीन भारत की कला-कौशल्य-सिद्धि विचार लो ॥110॥

बहु अभ्रभेदी-स्तूप अब भी उच्च होकर कह रहे—
संसार के किस शिल्प ने जल-पात इतने हैं सहे?
शत-शत गुहाएँ साथ ही गुंजार करके कह रहीं—
प्राचीन ही वा शिल्प इतना कौन है? कोई नहीं ॥111॥

हैं जो यवन राजत्व के वे कीर्ति-चिह्न बढ़े-चढ़े—
वे भी अधिकतर हैं हमारे शिल्पियों के ही गढ़े।
अन्यत्र भी तो है यवन-कुल की विपुल कारीगरी,
है किन्तु भारत के सदृश क्या वह मनोहरता भरी ॥112॥

(ख) भारतवासी शिल्प में बड़े चतुर थे, जैसा कि स्वच्छ वायु में रहनेवाले और बहुत ही उत्तम जल पीने वाले लोगों से आशा की जा सकती है।—मेगास्थनीज

* कुतुबमीनार।

1. कुतुबमीनार के पास जो लोहे का अद्भुत खम्भा है उसके विषय में डाक्टर फरगुसन लिखते हैं—
''यह हमारी आँख खोलकर बिना सन्देह के बतलाता है कि हिन्दू लोग उस समय में लोहे के इतने बड़े खम्भे बनाते थे जो कि योरुप में बहुत इधर के समय में भी नहीं बने हैं और जैसे कि अब भी बहुत कम बनते हैं। और इसके कुछ ही शताब्दी उपरान्त इस लाट के बराबर के खम्भों को कनरिक के मन्दिर में घरन की भाँति लगे हुए मिलने से हमको विश्वास करना चाहिए कि वे लोग इस धातु का काम बनाने में अपने बाद के कारीगरों की अपेक्षा बड़े दक्ष थे और यह बात भी कम आश्चर्यजनक नहीं कि 1400 वर्ष हवा और पानी में रहकर उसमें अब तक भी मोरचा नहीं लगा है और उसका सिरा तथा खुदा हुआ लेख अब तक भी वैसा ही स्पष्ट और वैसा ही गहरा है, जैसा कि वह 1400 वर्ष पहले बनाया गया था।''

चित्रकारी

निज चित्रकारी के विषय में क्या कहें, क्या क्रम रहा;
प्रत्यक्ष है या चित्र है यों दर्शकों को भ्रम रहा।
इतिहास, काव्य, पुराण, नाटक, ग्रन्थ जितने दीखते;
सबसे विदित है, चित्र रचना थे यहाँ सब सीखते ॥113॥

होती न यदि वह चित्र-विद्या आदि से इस देश में—
तो धैर्य्य धरते किस तरह प्रेमी विरह के क्लेश में—
अब तक मिलेगा सूक्ष्म वर्णन चित्र के प्रति भाग का,
साहित्य में भी चित्र दर्शन हेतु है अनुराग का ॥114॥

थीं चित्रकार यहाँ स्त्रियाँ भी चित्ररेखा-सी कभी,
अंकन कुशल नायक हमारे नाटकों में हैं सभी।
लिखते कहीं दुष्यन्त हैं भोली प्रिया की छवि भली,
करती कहीं प्रिय-चित्र-रचना प्रेम से रत्नावली ॥115॥

अब चित्रशालाएँ हमारी नाम-शेष हुईं यहाँ,
पर आज भी आदर्श उनके हैं अनेक जहाँ तहाँ।
अब भी अजन्ता की गुफाएँ चित्त को हैं मोहती;
निज दर्शकों के धन्य रव से गूँज कर हैं सोहती ॥116॥

मूर्तिनिर्माण

होता न मूर्ति-विधान यदि साधन हमारे देश का—
पूजन न षोडस-विधि यहाँ होता सगुण सर्वेश का।
अनुभव न होता एक सीमा में असीमाधार का,
होता निदर्शन भी न उस हृदयस्थ रूपोद्‌गार का ॥117॥

निज रूप से भी दूसरे जन जिस समय अज्ञान थे—
हम उस समय प्रभु मूर्ति का प्रत्यक्ष करते ध्यान थे।
ऐसा न करते तो भला हम भक्ति प्रकटाते कहाँ?
दर्शन विलम्बाकुल दृगों को हाय! ले जाते कहाँ? ॥118॥

अब तक पुराने खँडहरों में, मन्दिरों में भी कहीं,
बहु मूर्तियाँ अपनी कला का पूर्ण परिचय दे रहीं।

प्रकटा रही हैं भग्न भी सौन्दर्य की परिपुष्टता,
दिखला रही हैं साथ ही दुष्कर्मियों की दुष्टता ॥119॥

संगीत

लोकोक्ति है 'गाना तथा रोना किसे आता नहीं',
पर गान जो शास्त्रीय है उत्पत्ति उसकी है यहीं।
आकर भयंकर भाव जिस संगीत में अब हैं भरें,
हरि को रिझाकर हम उसी से साम गान किया करें ॥120॥

आती सु-चेतनता जिन्हें सुनकर जड़ों में भी अहो!
आयी कहाँ से गान में वे राग-रागिनियाँ कहो?
हैं सब हमारी ही कलाएँ ललित और मनोहरी,
थी कौतुकों में भी हमारे ऐन्द्रजालिकता भरी ॥121॥

अभिनय

अभिनय कला के सूत्रधर भी आदि से ही आर्य्य हैं—
प्रकटे भरत मुनि-से यहाँ इस शास्त्र के आचार्य्य हैं।
संसार में अब भी हमारी है अपूर्व शकुन्तला[1],
है अन्य नाटक कौन उसका साम्य कर सकता भला ॥122॥

---

1. (क) जिसने संस्कृत में इस (शकुन्तला) नाटक को पढ़ा है वह हिन्दू ही नहीं चाहे कोई भी क्यों न हो, उसकी यही सम्मति होगी कि नम्र और कोमल हृदयवाली वनवासिनी शकुन्तला से बढ़कर मृदु और मनोहर कल्पना मनुष्य की लेखनी से कभी नहीं निकली।—आर.सी. दत्त

(ख) शकुन्तला वह चीज है जो यौवनावस्था में उत्पन्न हुई अनुरागरूपी कली की प्रौढ़ावस्था में उत्पन्न हुए भावरूपी फल से मिला देती है। शकुन्तला वह चीज है जो पृथ्वी का स्वर्ग के साथ मेल कराती है।--कविवर गेटे

(ग) जिस समय विलियम जोन्स ने शकुन्तला का अनुवाद अंग्रेजी में किया था उस समय तक यूरोपवाले भारतवासियों को निरा असभ्य समझते थे। किन्तु इस अनुवाद ने यूरोप के विद्वानों की आँखें खोल दीं। शकुन्तला की कविता, उसके पात्रों का चरित्र, उसकी भावप्रवणता देखकर वे लोग मुग्ध हो गए। शकुन्तला के अंग्रेजी अनुवाद के भी अनुवाद जर्मन और फ्रेंच आदि अनेक भाषाओं में हो गये, जिन्हें पढ़कर उन देशों के वासियों ने भी उसकी श्रेष्ठता एक स्वर से स्वीकार की। वे यह भी जान गये कि जिस ग्रीक भाषा के साहित्य के वे लोग इतने कायल हैं, संस्कृत का साहित्य उससे भी किसी अंश में आगे बढ़ा हुआ है। प्राचीनता में तो संस्कृत-साहित्य की बराबरी किसी भाषा का साहित्य नहीं कर सकता।

हमारी वीरता

थे कर्म्मवीर की मृत्यु का भी ध्यान कुछ धरते न थे,
थे युद्धवीर कि काल से भी हम कभी डरते न थे।
थे दानवीर कि देह का भी लोभ हम करते न थे,
थे धर्म्मवीर कि प्राण के भी मोह पर मरते न थे ॥123॥

वे सूर्य्यवंशी चन्द्रवंशी वीर थे कैसे बली,
जो थे अकेले ही मचाते शत्रु-दल में खलबली।
होते न यदि वे चक्रवर्ती भूप दिग्विजयी यहाँ—
होते भला फिर 'अश्वमेध' कि 'राजसूय' कहो कहाँ? ॥124॥

थे भीम-तुल्य महाबली, अर्जुन-समान महारथी,
श्रीकृष्ण लीलामय हुए थे आप जिनके सारथी।
उपदेश गीता का हमारा युद्ध का ही गीत है,
जीवन समर में भी जनों को जो दिलाता जीत है ॥125॥

हम थे धनुर्वेदज्ञ जैसे और वैसा कौन था?
जो शब्द-वेधी बाण छोड़े शूर ऐसा कौन था?
हाँ मत्स्य जैसे लक्ष्य-वेधक धीर-धन्वी थे यहाँ,
रिपु को गिराकर अस्त्र पीछे लौट आते थे कहाँ? ॥126॥

थी चंचला की सी चमक या शीघ्रता सन्धान की,
कृतहस्तता ऐसी कि गति थी हाथ में ही बाण की।
मुँह खोल कुत्ता भूकने में बन्द फिर जब तक करे—
भर जाय मुख तूणीर-सा, पर बात क्या जो वह मरे[1] ॥127॥

---

1. एकलव्य नामक एक निषाद-बालक अपने गुरु द्रोणाचार्य्य की मूर्ति के सम्मुख वन में धनुर्विद्या का अभ्यास कर रहा था। शिकार खेलने के लिए आये हुए पाण्डवों का कुत्ता घूमता हुआ उधर जा निकला। एकलव्य को देखकर वह भौंकने लगा। इस पर एकलव्य ने अपनी धनुर्विद्या की परीक्षा करने के लिए उसके मुँह में सात बाण मारकर उसका भौंकना मात्र बन्द कर दिया। महाभारत के आदि पर्व में इसका विस्तारपूर्वक वर्णन है।

जिसके समक्ष न एक भी विजयी सिकन्दर की चली—
वह चन्द्रगुप्त महीप था कैसा अपूर्व महाबली?
जिससे कि सिल्यूकस* समर में हार तो था ले गया,
कान्धार आदिक देश देकर निज सुता था दे गया! ॥128॥

जो एक सौ सौ से लड़ें, ऐसे यहाँ पर वीर थे,
सम्मुख समर में शैल-सम रहते सदा हम धीर थे।
शंका न थी, जब जब समर का साज भारत से सजा;
जावा, सुमात्रा, चीन, लंका, सब कहीं डंका बजा[1] ॥129॥

मोहे विदेशी वीर भी जिस वीरता के गान से,
जिस पर बने हैं ग्रन्थ 'रासो' और 'राजस्थान' से।
थी उष्णता वह उस हमारे शेष शोषित की अहा!
जो था महाभारत समर में नष्ट होते बच रहा ॥130॥

रक्षक यवन साम्राज्य के भी राजपूत रहे यहाँ,
पड़ती कठिनता थी जहाँ जाते वही तो थे वहाँ।
नृप मान-कृत काबुल-विजय की बात सबको ज्ञात है,
दृढ़ता शिवाजी के निकट जयसिंह की विख्यात है ॥131॥

क्षत्राणियाँ भी शत्रुओं से हैं यहाँ निर्भय लड़ीं,
इतिहास में जिनकी कथाएँ हैं अनेक भरी पड़ीं।
देकर विदा युद्धार्थ पति को प्रेमवल्ली-सी खिलीं,
यदि फिर न भेंट हुई यहाँ तो स्वर्ग में झट जा मिलीं ॥132॥

---

* सिकन्दर का एक सेनापति।

1. (क) भारत महासागर और प्रशान्त महासागर जहाँ पर मिलते हैं, वहाँ पर सुमात्रा, जावा आदि कई द्वीप हैं। किसी समय इन द्वीपों में हिन्दुओं का राज्य था। संस्कृत भाषा और हिन्दू धर्म ने यहाँ पर अपना अटल राज्य जमा लिया।
(ख) महाराज कनिष्क ने चीन देश पर आक्रमण किया और विजय पायी। इस पर चीन-सम्राट ने उनके पास अपने लड़के को जमानत के तौर पर रक्खा। चीन राजकुमार के द्वारा भी चीन में बौद्ध धर्म का बहुत प्रचार हुआ।
(ग) जिस समय मेगास्थनीज भारतवर्ष में आया, उस समय लंका में हिन्दुओं का ही राज्य था।

वह सामरिक सिद्धान्त भी औदार्य्य-पूर्ण पवित्र था—
थी युद्ध में ही शत्रुता, अन्यत्र वैरी मित्र था!
जय-लोभ में भी छल-कपट आने न पाता पास था,
प्रतिपक्षियों को भी हमारे सत्य का विश्वास था ॥133॥

पाते न थे जय युद्ध में ही हम सुयश के साथ में,
इन्द्रिय तथा मन भी निरन्तर थे हमारे हाथ में।
हम धर्म-धनु से भक्ति-शर भी छोड़ने में सिद्ध थे,
अतएव अक्षर-लक्ष्य भी करते निरन्तर बिद्ध थे ॥134॥

यद्यपि रहे हम वीर ऐसे विश्व को जय कर सकें,
ऐसे नहीं थे जो समर में शक्र को भी डर सकें।
पर राज्य को तो थे सदा हम तुच्छ तृण-सा मानते,
लाचार होकर ही कभी लंका-सदृश रण ठानते ॥135॥

शक्ति का उपयोग

अन्याय अत्याचार करना तो किसी पर दूर है,
जिसका किया हमने किया उपकार ही भरपूर है!
पर-पीड़ितों का त्राण का जो दुःख हम खोते नहीं—
तो आज हिन्दुस्थान में ये पारसी होते नहीं[1] ॥136॥

जाकर कहाँ हमने जलाई आग युद्ध-अशान्ति की?
थे घूमते सर्वत्र पर हमने कहाँ पर क्रान्ति की?

1. पारसियों का फारस में राज्य था। तीसरे ईसवीं गिर्द के समय में अरब वालों ने उन पर चढ़ाई की, उनके मन्दिर आदि तोड़-फोड़ डाले, मरो या मुसलमान बनो, यही शर्त थी। लाखों पारसी मारे गये, करोड़ों मुसलमान हो गये, कुछ भारत की ओर भाग आये। यहाँ सन् 717 के लगभग गुजरात के हिन्दू नरेश यादवराना ने उन्हें शरण देकर संजान नामक नगर बसाया। संजान इस समय उजाड़ पड़ा है।—पारसियों का इतिहास

करते वही थे हम कि जिससे शान्ति सुख पावें सभी,
स्वार्थान्ध होकर, पर-हित-व्रत छोड़ सकते थे कभी? ॥137॥

भूले हुओं को पथ दिखाना यह हमारा कार्य्य था,
राजत्व क्या है, जगत हमको मानता आचार्य्य था।
आतंक से पाया हुआ भी मान कोई मान है?
खिंच जाय जिस पर मन स्वयं सच्चा वही बलवान है ॥138॥

राजत्व और शासन

हम भूप होकर भी कभी होते न भोगासक्त थे,
रहकर विरक्त विदेह जैसे आत्म योगाऽसक्त थे,
कर्त्तव्य के अनुरोध से ही कार्य्य करते थे सभी,
राजत्व में भी फिर भला हम भूल सकते थे कभी? ॥139॥

हाँ, मेदिनी-पति भी यहाँ के भक्त और विरक्त थे,
होते प्रजा के अर्थ ही वे राज्यकार्य्यासक्त थे।
सुत-तुल्य ही वे सौम्य उसकी मानते थे सर्वदा,
होता 'प्रजा' का अर्थ ही 'सन्तान' संस्कृत में सदा ॥140॥

देते प्रजा-हित ही बढ़ाकर प्राप्त-कर वे सर्वथा,
ले भूमि से जल रवि उसे देता सहस्र गुना यथा।
बनकर मृत-स्थानीय भी हरते प्रजा का सोच थे,
करते तदर्थ न पुत्र के भी त्याग[1] में संकोच थे ॥141॥

---

1. (क) प्रजानामेव भूत्यर्थ स ताभ्यो बलिमग्रहीत्।
सहस्रगुणमुत्स्रष्टुमादते हि रसं रविः।—रघुवंश
(ख) येन येन वियुज्यन्ते प्रजाः स्निग्धेन बन्धुना।
स स पापादृते तासां दुष्यन्त इति घुष्यताम्।—शकुन्तला
(ग) महाराज सगर का, प्रजा को कष्ट देने के कारण अपने पुत्र असमंजस को निकाल देना प्रसिद्ध है—
पौराणामहिते युक्तः पित्रा निर्वासितः पुरात्।—बाल्मीकि

"हैं यद्यपि कायर न मेरे राज्य में तस्कर कहीं,
व्यभिचारिणी तो फिर कहाँ जब एक व्यभिचारी नहीं।"
यों सत्यवादी नृप बिना संकोच कहते थे यहाँ[1],
कोई बता दे, विश्व में शासक हुए ऐसे कहाँ? ॥142॥

प्राचीन भारत की एक झलक

समयावरण से पार कर के ऐतिहासिक दृष्टि को,
जो देखते हैं आज भी हम पूर्व-कालिक सृष्टि को।
तो दीखता है दृश्य ऐसा भारतीय-विकास का,
प्रतिबिम्बित एक सजीव है जो स्वर्ग या आकाश का ॥143॥

भारतभूमि

ब्राह्मी-स्वरूपा, जन्मदात्री, ज्ञान-गौरव-शालिनी,
प्रत्यक्ष लक्ष्मीरूपिणी, धन-धान्यपूर्णा, पालिनी,
दुर्द्धर्ष रुद्राणी स्वरूपा शत्रु-सृष्टि-लयंकरी,
वह भूमि भारतवर्ष की है भूरि भावों से भरी ॥144॥

वे ही नगर, वन, शैल, नदियाँ जो कि पहले थीं यहाँ—
हैं आज भी, पर आज वैसी जान पड़ती हैं कहाँ?
कारण कदाचित् है यही—बदले स्वयं हम आज हैं,
अनुरूप ही अपनी दशा के दीखते सब साज हैं ॥145॥

1. जब कैकय देश के राजा अश्वपति के यहाँ सत्ययज्ञ, इन्द्रद्युम्न और उद्दालक आदि महर्षि आये तो अश्वपति ने उनकी यथोचित पूजा की और फिर अपने यहाँ ठहरने के लिए प्रार्थना करते हुए कहा—

'न मे स्तेनो जनपदे न कदर्यो न मद्यपः।
नानाहिताग्निर्नाविद्वान्न स्वैरी स्वैरिणी कुतः ॥" इत्यादि

—छान्दोग्योपनिषद्

भवन

चित्रित घनों से होड़ कर जो व्योम में फहरा रहे—
वे केतु उन्नत मन्दिरों के किस तरह लहरा रहे?
इन मन्दिरों में से अधिक अब भूमितल में दब गये,
अवशिष्ट ऐसे दीखते हैं—अब गये या तब गये! ॥146॥

जलवायु

पीयूष सम, पीकर जिसे होता प्रसन्न शरीर है,
आलस्य-नाशक, बल-विकाशक उस समय का नीर है।
है आज भी वह किन्तु अब पड़ता न पूर्व प्रभाव है,
यह कौन जाने नीर बदला या शरीर-स्वभाव है? ॥147॥

उत्साहपूर्वक दे रहा जो स्वास्थ्य वा दीर्घायु है,
कैसे कहें, कैसा मनोरम उस समय का वायु है।
भगवान जाने, आज कल वह वायु चलता ही नहीं,
अथवा हमारे पास होकर वह निकलता ही नहीं ॥148॥

प्रभात

क्या ही पुनीत प्रभात है, कैसी चमकती है मही;
अनुरागिणी ऊषा सभी को कर्म में रत कर रही।
यद्यपि जगाती है हमें भी देर तक प्रतिदिन वही,
पर हम अवधि निद्रा-निकट सुनते कहाँ उसकी कही? ॥149॥

गंगादि नदियों के किनारे भीड़ छवि पाने लगी,
मिलकर जल-ध्वनि में गल-ध्वनि अमृत बरसाने लगी।
सस्वर इधर श्रुति-मन्त्र लहरी, उधर जल-लहरी अहा!
तिस पर उमंगों की तरंगें स्वर्ग में अब क्या रहा? ॥150॥

दान

सुस्नान के पीछे यथाक्रम दान की बारी हुई,
सर्वस्व तक के त्याग की सानन्द तैयारी हुई!
दानी बहुत हैं किन्तु याचक अल्प हैं उस काल में,
ऐसा नहीं जैसा कि अब प्रतिकूलता है हाल में ॥151॥

दिनकर द्विजों से अर्घ्य पाकर उठ चला आकाश में,
सब भूमि शोभित हो उठी अब स्वर्ण-वर्ण प्रकाश में।
वह आन्तरिक आलोक इस आलोक में ही मिल गया,
रवि का मुकुटधारण किया, स्वाधीनभारत खिल गया ॥152॥

गो-पालन

जो अन्य धात्री के सदृश सबको पिलाती दुग्ध है,
(है जो अमृत इस लोक का, जिस पर अमर भी मुग्ध हैं।)
वे धेनुएँ प्रत्येक गृह में हैं दुही जाने लगीं—
या शक्ति की नदियाँ वहाँ सर्वत्र लहराने लगीं ॥153॥

घृत आदि के आधिक्य से बल-वीर्य्य का सु-विकास है,
क्या आज कल का-सा कहीं भी व्याधियों का वास है?
है उस समय गो-वंश पलता, इस समय मरता वही!
क्या एक हो सकती—कभी यह और वह भारत मही ॥154॥

होमाग्नि

निर्मल पवन जिसकी शिखा को तनिक चंचल कर उठी—
होमाग्नि जल कर द्विज-गृहों में पुण्य परिमल भर उठी।
प्राची दिशा के साथ भारत-भूमि जगमग जग उठी,
आलस्य में उत्साह की-सी आग देखो, लग उठी ॥155॥

देवालय

नर-नारियों का मन्दिरों में आगमन होने लगा,
दर्शन, श्रवण, कीर्तन, मनन से मग्न मन होने लगा।
ले ईश-चरणामृत मुदित राजा-प्रजा अति चाव से—
कर्त्तव्य दृढ़ता की विनय करने लगे समभाव से ॥156॥

श्रद्धा सहित किस भाँति हरि का पुण्य पूजन हो रहा,
वर वेद-मन्त्रों से मनोहर कीर्ति-कूजन हो रहा।
अखिलेश की उस आर्तिहरिणी आरती को देख लो,
असमर्थ, मूक-समान, मुखरा भारती को देख लो ॥157॥

अतिथि-सत्कार

अपने अतिथियों से वचन जाकर गृहस्थों ने कहे—
"सम्मान्य! आप यहाँ निशा में कुशलपूर्वक तो रहे।
हम से हुई हो चूक जो कृपया क्षमा कर दीजिए—
अनुचित न हो तो, आज भी यह गेह पावन कीजिए" ॥158॥

पुरुष

पुरुष प्रवर उस काल के कैसे सदाशय हैं अहा!
संसार को उनका सुयश कैसा समुज्ज्वल कर रहा!
तन में अलौकिक कान्ति है, मन में महासुख-शान्ति है,
देखो न उनको देखकर होती सुरों की भ्रान्ति है! ॥159॥

मस्तिष्क उनका ज्ञान का, विज्ञान का भाण्डार है,
है सूक्ष्म बुद्धि-विचार उनका विपुल बल-विस्तार है,
नव-नव कलाओं का कभी लोकार्थ आविष्कार है,
अध्यात्म तत्त्वों का कभी उद्गार और प्रचार है ॥160॥

स्त्रियाँ

पूजन किया पति का स्त्रियों ने भक्ति-पूर्ण विधान से,
अंचल पसार प्रणाम कर फिर की विनय भगवान से—
'विश्वेश! हम अबला जनों के बल तुम्हीं हो सर्वदा,
पतिदेव में मति, गति तथा दृढ़ हो हमारी रति सदा' ॥161॥

हैं प्रीति और पवित्रता की मूर्ति-सी वे नारियाँ,
हैं गेह में वे शक्तिरूपा, देह में सुकुमारियाँ।
गृहिणी तथा मन्त्री स्वपति की शिक्षिता हैं वे सती,
ऐसी नहीं हैं वे कि जैसी आज कल की श्रीमती ॥162॥

घर का हिसाब-किताब सारा है उन्हीं के हाथ में,
व्यवहार उनके हैं दयामय सब किसी के साथ में।
पाक-शास्त्र विशारदा हैं और वैद्यक जानतीं,
सबको सदा सन्तुष्ट रखना धर्म्म अपना मानतीं ॥163॥

आलस्य में अवकाश को वे व्यर्थ ही खोती नहीं,
दिन क्या, निशा में भी कभी पति से प्रथम सोती नहीं।
सीना, पिरोना, चित्रकारी जानती हैं वे सभी—
संगीत भी, पर गीत गन्दे वे नहीं गातीं कभी ॥164॥

संसार-यात्रा में स्वपति की वे अटल अश्रान्ति हैं,
हैं दुख में वे धीरता, सुख में सदा वे शान्ति हैं।
शुभ सान्त्वना हैं शोक में वे और औषधि रोग में,
संयोग में सम्पत्ति हैं बस, हैं विपत्ति वियोग में ॥165॥

सन्तान

जब हैं स्त्रियाँ यों देवियाँ, सन्तान क्यों उत्तम न हो?
उन बालकों के सरल, सुन्दर भाव तो देखो अहो!
ऊषाऽगमन से जाग वे भी ईश-गुण गाने लगे—
या कंज फूले देख बन्दी भृंग उड़ जाने लगे! ॥166॥

हैं हृष्ट-पुष्ट शरीर से, माँ-बाप के वे प्राण हैं—
जो सर्वदा करते दृगों की भाँति उनका त्राण हैं।
वे जायँ तब तक गुरुकुलों में, ज्ञान का घर है जहाँ—
तब तक उन्हें कुछ कुछ पढ़ातीं आप माताएँ यहाँ ॥167॥

है ठीक पुत्रों के सदृश ही पुत्रियों का मान भी,
क्या आज की-सी है दशा, जो हो न उनका ध्यान भी।
हैं उस समय के जन न अब से जो उन्हें समझें बला,
होंगे न दोनों नेत्र किसको एक-से प्यारे भला? ॥168॥

देखो, अहा! वे पुत्रियाँ हैं या विभव की वृद्धियाँ,
अवतीर्ण मानों हैं हुईं प्रत्यक्ष उनके ऋद्धियाँ,
हा! अब उन्हीं के जन्म से हम डूबते हैं शोक में,
पर हो न उनका जन्म तो हों पुत्र कैसे लोक में? ॥169॥

तपोवन

मृग और सिंह तपोवनों में साथ ही फिरने लगे,
शुचि होम-धूप उठे कि सुन्दर सुरभि-घन घिरने लगे।

ऋषि-मुनि मुदित मन से यथा-विधि हवन क्या करने लगे—
उपकार मूलक पुण्य के भाण्डार से भरने लगे ॥170॥

वे सौम्य ऋषि-मुनि आज कल के साधुओं-जैसे नहीं,
कोई विषय जिनसे छिपा हो विज्ञ वे ऐसे नहीं।
हस्तामलक जैसे उन्हें प्रत्यक्ष तीनों काल हैं,
शिव रूप हैं, तोड़े उन्होंने बन्धनों के जाल हैं ॥171॥

वे ग्रन्थ जो सर्वत्र ही गुरुमान से मण्डित हुए—
पढ़कर जिन्हें संसार के तत्त्वज्ञ-जन पण्डित हुए।
जो आज भी थोड़े बहुत हैं नष्ट होने से बचे,
हैं वे उन्हीं के तप के धनी ऋषि और मुनियों के रचे ॥172॥

कुशपाणि पाकर भी उन्हें डरता स्वयं वज्री सदा।
है तुच्छ उनके निकट यद्यपि उस सुरप की सम्पदा।
यद्यपि उटज वासी तदपि वह तत्त्व उनके पास है,
आकर अलेक्जेंडर-सदृश सम्राट बनता दास है[1]! ॥173॥

गुरुकुल

विद्यार्थियों ने जागकर गुरुदेव का वन्दन किया,
निज नित्य कृत्य समाप्त करके अध्ययन में मन दिया।
जिस ब्रह्मचर्य्य-व्रत बिना हैं आज हम सब रो रहे—
उसके सहित वे धीर होकर वीर भी हैं हो रहे ॥174॥

1. जिस समय सिकन्दर भारतवर्ष में आया था, उस समय यहाँ दण्डी नाम के एक तपस्वी ब्राह्मण थे। वे मुनिवृत्ति धारण करके वन में रहते थे। उनकी प्रशंसा सुनकर सिकन्दर ने उनसे मिलने की इच्छा प्रकट की। दण्डी को लेने के लिए दूत भेजे गये किन्तु उन्होंने आने से इनकार किया। अन्त में स्वयं सिकन्दर ही उनकी सेवा में उपस्थित हुआ और शिष्यभाव से उनके द्वारा अनेक उपदेश सुनकर उसने अपने को कृतकृत्य समझा। इस घटना का उल्लेख करके मेगास्थनीज कहता है, "जिससे (सिकन्दर ने) अनेक जातियों को परास्त किया था, वह भारतवर्ष के एक नग्न मनुष्य से परास्त हो गया।"

पाठ

आधार आर्यों के अटल जातीय-जीवन-प्राण का—
है पाठ कैसा हो रहा श्रुति, शास्त्र और पुराण का।
हे राम! हिन्दू जाति का सब कुछ भले ही नष्ट हो—
पर यह सरस संगीत उसका फिर यहाँ सु-स्पष्ट हो ॥175॥

फीस

पढ़ते सहस्रों शिष्य हैं पर फीस ली जाती नहीं,
वह उच्च शिक्षा तुच्छ धन पर बेच दी जाती नहीं।
दे वस्त्र-भोजन भी स्वयं कुलपति* पढ़ाते हैं उन्हें,
बस, भक्ति से सन्तुष्ट हो दिन दिन बढ़ाते हैं उन्हें ॥176॥

भिक्षा

वे ब्रह्मचारी जिस समय गुरुदेव के आदेश से—
पहुँचे नहीं भिक्षार्थ पुर में बालरूप महेश-से,
ले सात्त्विकी भिक्षा प्रथम ही गृहिणियाँ हर्षित बड़ी—
करने लगीं उनकी प्रतीक्षा द्वार पर होकर खड़ी ॥177॥

है आज कल की भाँति वह भिक्षा नहीं अपमान की,
है प्रार्थनीय गृही जनों को यह व्यवस्था दान की।
वे ब्रह्मचारी भिक्षुवर ऐसे प्रतिष्ठित व्यक्ति हैं—
भूपाल भी पथ पर छोड़कर उन पर दिखाते भक्ति हैं[1] ॥178॥

राजा

देखो, महीपति उस समय के हैं प्रजा-पालक सभी,
रहते हुए उनके किसी को कष्ट हो सकता कभी?

---

* जो दस हजार विद्यार्थियों को भोजन और वस्त्र देकर पढ़ाता हो, उसे कुलपति कहते हैं।

1. यदि स्नातक ब्रह्मचारी और राजा एक ही मार्ग पर आते हुए एक दूसरे के सम्मुख हो जायँ तो राजा को चाहिए कि स्नातक के लिए मार्ग छोड़ दे।—वसिष्ठ

किस भाँति पावें कर, न यदि वे न्याय से शासन करें[1],
जो वे अनीत करें कहीं तो वेन की गति से मरें[2] ॥179॥

अनिवार्य शिक्षा

हैं खोजने से भी कहीं द्विज मूर्ख मिल सकते नहीं,
अनिवार्य शिक्षा के नियम हैं जो कि हिल सकते नहीं।
यदि गाँव में द्विज एक भी विद्या न विधिपूर्वक पढ़े–
तो दण्ड दे उसको नृपति, फिर क्यों न यों शिक्षा बढ़े[3]? ॥180॥

है नित्य विप्रों के यहाँ बस ज्ञान-चर्चा दीखती,
शुक-सारिकाएँ भी जहाँ शास्त्रार्थ करना सीखतीं[4]।
कोई जगत को सत्य, कोई स्वप्न-मात्र बता रहा,
कोई शकुनि उनमें वहाँ मध्यस्थ भाव जता रहा ॥181॥

चारित्र्य

देखो कि सबके साथ सबका निष्कपट बर्ताव है,
सबमें परस्पर दीख पड़ता प्रेम का सद्भाव है।
कैसे फलें-फूलें भला वे जो न हिलमिल कर रहें?
वे आर्य्य ही क्या, यदि कभी परिवाद निज मुख से कहें ॥182॥

---

1. यदि राजा पवित्र राजनियमानुसार शासन करता है तो वह अपनी प्रजा के आय-धन का छठा भाग ले सकता है (अन्यथा नहीं)।–वसिष्ठ
2. वेन एक बड़ा अत्याचारी राजा था। उसने अपने राज्य में घोषणा करवा दी थी कि 'न यष्टव्यं न दातव्यं न होतव्यं द्विज क्वचित्' अर्थात मेरे राज्य में कोई द्विज न यज्ञ करे, न दान करे और न ईश्वर की आराधना करे। इस कठोर और अनुचित आदेश को सुनकर तमाम ऋषि और मुनि उसके पास गये और उसे बहुत कुछ समझाया, किन्तु उसने एक भी न सुनी। वह यही कहता रहा कि यज्ञ पुरुष कौन है? जो कुछ हूँ मैं ही हूँ। जब बहुत समझाने पर भी उसने न माना, तब वह मार डाला गया।–श्रीमद्भागवत
3. राजा उस गाँव को दण्ड दे जिसमें ब्राह्मण लोग अपने धर्म का पालन नहीं करते, वेदों को नहीं जानते और भिक्षा माँग कर रहते हैं। क्योंकि ऐसा गाँव लुटेरों का पोषण करता है।–वसिष्ठ
4. यह पद्य 'शंकर दिग्विजय' के निम्नलिखित श्लोक को लक्ष्य करके लिखा गया है–
   जगद् ध्रुवंस्याज्जगद् ध्रुवंस्यात् वीरांगना यत्र गिरो गिरन्ति
   द्वारस्थनीडान्तरसनिन्नरुद्धा जानीहि तन्मण्डनपण्डितौकः ॥

ठग और चोर कहीं नहीं हैं, धर्म्म का अति ध्यान है,
देखे न देखे और कोई देखता भगवान है।
सूना पड़ा हो माल कोई, किन्तु जा सकता नहीं[1],
कोई प्रलोभन शान्त मन को है भुला सकता नहीं ॥183॥

यदि झूठ कहने पर किसी का टिक रहा सर्वस्व भी–
तो भी कहेगा सत्य ही वह क्योंकि मरना है कभी।
पंचायतों में समय पर, दृष्टान्त ऐसे दीखते,
हैं धर्म्म का सब पाठ मानो गर्भ में ही सीखते[2] ॥184॥

हैं भाव सबके आननों पर ईश्वरीय प्रसाद के,
इस लोक में उनके हृदय आधार हैं आह्लाद के।
मरते नहीं वह मौत वे, जो फिर उन्हें मरना पड़े,
करते नहीं वह काम उनको नाम जो धरना पड़े ॥185॥

बस, विश्वपति में नित्य सबकी वृत्तियाँ हैं लग रहीं,
अन्तःकरण में ज्ञान-मणि की ज्योतियाँ हैं जग रहीं।
कर्त्तव्य का ही ध्यान उनको है सदा व्यवहार में,
वे 'पद्मपत्रमिवाम्भसा' रहते सुखी संसार में ॥186॥

---

1. सुलतान शाहरुख का एलची अब्दुलरज्जाक जो 1444 ई. में कालीकोट में आया था, अपनी किताब 'मुतालुलसादीन' में लिखता है–
"माल हर किस्म का बगैर मालिक के बाजारों में खुला पड़ा रहता है, मगर कोई उसे हाथ नहीं लगाता।"

2. (क) मैंने किसी हिन्दू को झूठ बोलते नहीं सुना।–एरियन, यूनानी
(ख) मेगास्थनीज को बहुत दिनों तक पटने में रहने पर भी, एक भी ऐसा आदमी न मिला जो कभी झूठ बोला हो।
(ग) गाँव के रहनेवाले स्वभावतः पंचायतों में दृढ़ता से सत्य का साथ देते हैं। मेरे सामने सैकड़ों ऐसे अभियोग हुए हैं जिनमें मनुष्य की सम्पत्ति, स्वाधीनता और प्राण तक उसके झूठ बोलने पर अवलम्बित रहे हैं पर उसने झूठ बोलना स्वीकार नहीं किया।–कर्नल स्लीमन

विचार

वह भद्र भारत सर्वदा भू लोक-नेता सिद्ध है,
संसार में सबसे अधिक स्वाधीन-चेतना सिद्ध है।
उन्मादिनी माया स्वयं उसको भुला पाती नहीं,
पुनरागमन की बन्धता भी है उसे भाती नहीं ॥187॥

है लक्ष्य केवल मुक्ति ही उसके अतुल उद्देश का,
है दास भी तो यह उसी वैकुण्ठपति विश्वेश का।
साक्षी स्वयं इस बात के उसके कहीं सु-विचार हैं—
संसार के साहित्य के जो सार हैं, आधार हैं ॥188॥

महात्ता

जो पूर्व में हमको अशिक्षित या असभ्य बता रहे—
वे लोग या तो अज्ञ हैं या पक्षपात जता रहे।
यदि हम अशिक्षित थे, कहें तो, सभ्य वे कैसे हुए?
वे आप ऐसे भी नहीं थे, आज हम जैसे हुए ॥189॥

ज्यों ज्यों प्रचुर प्राचीनता की खोज बढ़ती जायगी,
त्यों त्यों हमारी उच्चता पर ओप चढ़ती जायगी।
जिस ओर देखेंगे हमारे चिह्न दर्शक पायँगे,
हमको गया बतलायँगे, जब जो जहाँ तक जायँगे ॥190॥

पाये हमीं से तो प्रथम सबने अखिल उपदेश हैं,
हमने उजड़कर भी बसाये दूसरे बहु देश हैं।
यद्यपि महाभारत-समर था मरण भारत के लिए,
यूनान जैसे देश फिर भी सभ्य हमने कर दिये ॥191॥

हमने बिगड़कर भी बनाये जन्म के बिगड़े हुए,
मरते हुए भी हैं जगाये मृतक-तुल्य पड़े हुए।
गिरते हुए भी दूसरों को हम चढ़ाते ही रहे,
घटते हुए भी दूसरों को हम बढ़ाते ही रहे ॥192॥

कल जो हमारी सभ्यता पर थे हँसे अज्ञान से–
वे आज लज्जित हो रहे हैं अधिक अनुसन्धान से।
जो आज प्रेमी हैं हमारे भक्त कल होंगे वही;
जो आज व्यर्थ विरक्त हैं अनुरक्त कल होंगे वही ॥193॥

सब देश विद्या-प्राप्ति को सन्तत यहाँ आते रहे,
सुरलोक में भी गीत ऐसे देव-गण गाते रहे–
"हैं धन्य भारतवर्षवासी धन्य भारतवर्ष है,
सुरलोक से भी सर्वथा उसका अधिक उत्कर्ष है"[1] ॥194॥

अवनति का आरम्भ

इस भाँति जब जग में हमारी पूर्ण उन्नति हो चुकी,
पाया जहाँ तक पथ वहाँ तक प्रगति की गति हो चुकी।
तब और क्या होता है हमारे चक्र नीचे को फिरे,
जैसे उठे थे, अन्त में हम ठीक ही वैसे गिरे! ॥195॥

उत्थान के पीछे पतन सम्भव सदा है सर्वथा,
प्रौढ़त्व के पीछे स्वयं वृद्धत्व होता है यथा।
हा! किन्तु अवनति भी हमारी है समुन्नति-सी बड़ी,
जैसी बढ़ी थी पूर्णिमा वैसी अमावस्या पड़ी! ॥196॥

पैदा हुआ अभिमान पहले चित्त में निज शक्ति का,
जिससे रुका वह स्रोत सत्वर शील, श्रद्धा भक्ति का।
अविनीतिता बढ़ने लगी, अनुदारता आने लगी,
पर-बुद्धि जागी, प्रीति भागी, कुमति बल पाने लगी ॥197॥

---

1. गायन्ति देवः किल गीतकानि धन्यास्तु ये भारत भूमिभागे।
स्वर्गापवर्गस्य च हेतु भूते भवन्ति भूयः पुरुषासुरत्वात ॥–विष्णुपुराण
अर्थात् देवता भी ऐसे गीत गाया करते हैं कि वे पुरुष धन्य हैं जो कि स्वर्ग और अपवर्ग के हेतुभूत भारतवर्ष में जन्म लेते हैं वे हमसे भी श्रेष्ठ हैं।

फिर स्वार्थ-ईर्ष्या-द्वेष का विष बीज जो बोने लगा,
दुर्भावना के वारि से उग वह बड़ा होने लगा।
वे फूट के फल अन्त में यों फैलकर फैलने लगे–
खाकर जिन्हें, जीते हुए ही, हम यहाँ जलने लगे ॥198॥

महाभारत

क्या देर लगती है बिगड़ते, जब बिगड़ने पर हुए?
फिर क्या, परस्पर बन्धु ही तैयार लड़ने पर हुए!
आखिर महाभारत-समर का साज सज ही तो गया,
डंका हमारे नाश का बेरोक बज ही तो गया ॥199॥

हा शोचनीय, परन्तु ऐसा कलह भी होगा नहीं,
तू ही बता हे काल! ऐसा हाल देखा है कहीं?
हा! बन्धुओं के ही करों से बन्धु कितने कट मरे,
यह भव्य-भारत अन्त में बन ही गया मरघट हरे! ॥200॥

इस सर्वनाशी युद्ध का वह दृश्य कैसा घोर था,
उस ओर था यदि पुत्र तो लड़ता पिता इस ओर था।
सन्तान ही के रक्त में यह मातृभूमि सनी यहाँ,
उस स्वर्ग की-सी वाटिका की हाय! राख बनी यहाँ! ॥201॥

अनार्यो का आक्रमण

इस भाँति जब बलहीन होकर देश ऊजड़ हो गया,
फिर वह हुआ जिससे कि अब सर्वस्व अपना खो गया।
घुसकर शकादि अनार्य्य-गण निर्भय यहाँ बढ़ने लगे,
निःशक्त देख शृगाल घायल सिंह पर चढ़ने लगे ॥202॥

अवतार

हिंसा बढ़ी ऐसी कि मानव दानवों से बढ़ गये;
भू से न भार सहा गया, अविचार ऊपर चढ़ गये।
सहसा हमारा यह पतन देखा न प्रभु से भी गया,
तब शाक्य मुनि के रूप में प्रकटी दयामय की दया ॥203॥

बौद्ध काल

भारत-गगन में उस समय फिर एक वह झण्डा उड़ा—
जिसके तले, आनन्द से आधा जगत जाकर जुड़ा[1]।
वह बौद्धकालिक सभ्यता है विश्व भर में छा रही,
अब भी जिसे अवलोकने को भूमि खोदी जा रही ॥204॥

वर्णन विदेशी यात्रियों ने उस समय का जो दिया?
पढ़कर तथा सुनकर उसे किसने नहीं विस्मय किया?
बनते न विद्या प्राप्त कर वे यहाँ बुधवर्य्य थे—
श्री भी यहाँ की देखकर करते महा आश्चर्य्य थे ॥205॥

तब भी कला-कौशल यहाँ का था जगत के हित नया,
है फाहियान विलोक जिसको मुग्ध होकर कह गया—
"यह काम देवों का किया है मनुज कर सकते नहीं[2]—
दृग देखकर जिसको कभी श्रम मानकर थकते नहीं!" ॥206॥

---

1. ईसा की पाँचवीं और दसवीं शताब्दी के बीच समस्त मनुष्य जाति के आधे से अधिक लोग बौद्ध थे।—आर.सी. दत्त
2. पाँचवीं सदी के आरम्भ में फाहियान नामक एक चीनी यात्री भारत में आया। वह पाटलिपुत्र (पटना) में कोई तीन वर्ष रहा। महाराज अशोक के बनवाये हुए छह-सात सौ वर्ष के टूटे-फूटे राजप्रासाद को देखकर उसे बड़ा दुःख हुआ। इस विषय में उसने अपने यात्रा वृत्तान्त में लिखा है कि अशोक ने इस महल को देवताओं से अवश्य बनवाया होगा। इसकी ऊँची-ऊँची दीवारें, भव्यद्वार और चौखटें बनाना मनुष्य का काम नहीं।

अशोक और गुप्तवंश

था सार्वभौम अशोक का कैसा प्रताप बढ़ा चढ़ा,
विस्तार जिसके राज्य का था अन्य देशों तक बढ़ा।
थे गुप्तवंशी नृप, न धर्म्म-द्वेष जिनको इष्ट था;
तात्पर्य तब भी भूमि पर भारत बहुत उत्कृष्ट था ॥207॥

जैनमत

प्रकटित हुई थी बुद्ध विभु के चित्त में जो भावना—
पर-रूप में अन्यत्र भी प्रकटी वही प्रस्तावना।
फैला अहिंसा-बुद्धिवर्द्धक जैन-पन्थ-समाज भी,
जिसके विपुल साहित्य की विस्तीर्णता है आज भी ॥208॥

श्रुति-संहिताओं से निकल ध्रुव धर्म्म-चिन्ता-ह्लादिनी,
हो बौद्ध-जैनमयी त्रिपथगा बह चली कलनादिनी।
शतशः प्रवाहों में उसे अब देखते हैं हम सभी,
फिर एक होकर ब्रह्म-सागर में मिलेगी वह कभी? ॥209॥

मतभेद

इस भाँति भारतवर्ष ने गौरव दिखाया फिर नया,
पर हाय! वैदिक-धर्म रवि था बौद्ध-धन से घिर गया।
जैनादिकों से भी परस्पर भेद बढ़ता ही गया,
उस फूट के फल का प्रबल विष और चढ़ता ही गया! ॥210॥

हिन्दू धर्म्म

ऐसे विरोधी काल में भी जो कि सब विध वाम था–
अक्षुण्ण रहना एक हिन्दू-धर्म का ही काम था।
अथवा किसी के मेटने से सत्य मिट सकता कहीं?
घन घेर लें पर सूर्य्य का अस्तित्व खो सकते नहीं ॥211॥

हिन्दू

इस काल में भी हिन्दुओं में धीरता कुछ शेष थी।
निज पूर्वजों की वीरता, गम्भीरता, कुछ शेष थी।
फैली विशेष विलासिता थी किन्तु थी कुछ भक्ति भी,
हम घट चले थे किन्तु फिर भी शेष थी कुछ शक्ति भी ॥212॥

विक्रमादित्य

विक्रम कि जिनका आज भी संवत् यहाँ है चल रहा–
ध्रुव-धर्म्म को ऐसे नृपों का उस समय भी बल रहा।
जिनके अनेकों देश-हितकर पुण्य कार्य किये गये,
जो शक यहाँ शासक बने थे सब निकाल दिये गये ॥213॥

नर-रूप-रत्नों से सजी थी वीर विक्रम की सभा,
अब भी जगत में जागती है जगमगी जिनकी प्रभा।
जाकर सुनो, उज्जैन मानो आज भी यह कह रही–
'मैं मिट गयी पर कीर्ति मेरी तब मिटेगी जब मही' ॥214॥

भोज

विद्यानुरागी भोज भी कैसा सदाशय भूप था–
विख्यात कवियों के लिए जो कल्पवृक्ष-स्वरूप था।
साहित्य के उद्यान में वह पुण्यकाल वसन्त है,
वे वे प्रसून खिले कि अब भी सुरभि-पूर्ण दिगन्त है ॥215॥

विकास में ह्रास

पर ठीक वैसा ही हमारा यह प्रसिद्ध विकास है—
जैसे कि बुझने के प्रथम बढ़ता प्रदीप-प्रकाश है।
हो बौद्ध लक्ष्य-भ्रष्ट सहसा घोर नास्तिक ही रहे,
सँभले न फिर हम आर्य्य भी, इस भाँति विषयों में बहे ॥216॥

यद्यपि सनातन धर्म की ही अन्त में जय जय रही,
भगवान शंकर[1] ने भगा दी बौद्ध-भ्रान्ति-भयावही।
पर हाय! हम चेते नहीं फँसकर कलह के जाल में,
क्या फूट की जड़ फैलती है फूटकर पाताल में ॥217॥

बढ़ने लगा विग्रह परस्पर क्रान्तियाँ होने लगीं;
अनुदारता मय स्वार्थ के वश भ्रान्तियाँ होने लगीं;
जिसमें हुआ कुछ बल वही अधिकार पर मरने लगा,
सौभाग्य भय खाकर भगा, दुर्भाग्य जय पाकर जगा ॥218॥

बहु तुच्छ रजवाड़े बने, साम्राज्य सब कट-छँट गया;
यों भूरि भागों में हमारा दीन भारत बँट गया!
जो एक अनुपम रत्न था परिणत कणों में हो गया,
वह मूल्य और प्रकाश सारा टूटते ही खो गया ॥219॥

आचार और विचार तक ही यह विभेद बढ़ा नहीं,
बहु भिन्न भाषाएँ हुईं फैली विषमता सब कहीं।
आलाप करना भी परस्पर क्लेश हमको हो गया;
निज देश में ही हा! विधे! परदेश हमको हो गया ॥220॥

मुसलमानों का प्रवेश

देखी न होगी ऐक्य की ऐसी किसी ने छिन्नता,
बढ़कर महामत मत-भिन्नता फैली भयंकर खिन्नता।
आखिर अहलँ इसलाम-दल को हम बुलाकर ही रहे,
स्वातन्त्र्य को मानो सदा को, हम सुलाकर ही रहे ॥221॥

---

1. स्वामी शंकराचार्य।

जयचन्द और पृथ्वीराज

क्या थे यवन, पाते न प्रश्रय यदि अधम जयचन्द से?
जयशील पृथ्वीराज हारे अन्त में छल छन्द से।
हा! देश का दीपक बुझा भीषण अँधेरा छा गया;
निज कर्म के फल-भोग का वह काल आगे आ गया ॥222॥

क्या पा लिया जयचन्द ने निज देश का हित हार के?
हैं कह रहे कन्नौज के वे सौध-धुस्स पुकार के–
"जर्जर हुए भी आज तक हम इसलिए हैं जी रहे–
अब भी सजग हो जायँ वे विद्वेष-विष जो पी रहे" ॥223॥

यवन राजत्व

जो हम कभी फूले-फले थे राम-राज्य-वसन्त में,
हा! देखनी हमको पड़ी औरंगजेबी अन्त में!
है कर्म्म का ही दोष अथवा सब समय की बात है,
होता कभी दिन है, कभी होती अँधेरी रात है ॥224॥

है विश्व में सबसे बली सर्वान्तकारी काल ही,
होता अहो! अपना पराया काल के वश हाल ही।
बनता कुतुबमीनार यमुनास्तम्भ[1] का निर्वाद है,
उस तीर्थराज प्रयाग का बनता इलाहाबाद है! ॥225॥

---

1. यमुनास्तम्भ अब कुतुबमीनार के नाम से प्रसिद्ध है, इसी नाम के कारण वह हिन्दू लोगों का बनाया होकर भी छिप रहा है, प्रकृत-प्रस्ताव में यमुनास्तम्भ पृथ्वीराज का बनवाया हुआ है। कन्या वत्सल पृथ्वीराज ने अपनी कन्या के प्रतिदिन सन्ध्या काल में यमुना दर्शन के निमित्त इसे बनवाया था। यह बात हम लोगों की कपोलकल्पित नहीं है, आ. जकल भी दिल्ली के आसपास और प्राचीनकाल के सब लोगों में यही चर्चा प्रचलित है और मेटकाफ, हिवर इत्यादि अनेक अंग्रेज और मुसलमान लोगों ने भी इसको प्रमाणित

अत्याचार

जो हो हमारी दुर्दशा का और अन्त नहीं रहा,
हा! क्या कहें, कितना हमारा रक्त पानी-सा बहा!
होकर मनुज, कृमि-कीट से भी तुच्छ हम लेखे गये,
दृष्टान्त ऐसे बहुत ही कम विश्व में देखे गये ॥226॥

रहते यवन थे रक्त-रंजित तीक्ष्ण असि ताने खड़े,
चोटी नहीं, तो हाय! हमको शीश कटवाने पड़े।
जीते हुए दीवार में हम लोग चुनवाये गये,
बल से असंख्यक आर्य्य यों इस्लाम में लाये गये ॥227॥

हा! स्वार्थवश हमको अनेकों घोर कष्ट दिये गये,
कितने अवश अबला जनों के धर्म्म नष्ट किये गये!
घर में सुता के जन्म से होती बड़ों को थी व्यथा,
कुलमान रखने को चली थी बालिका-बध की प्रथा ॥228॥

हा! निष्ठुरों के हाथ से सुर-मूर्तियाँ खण्डित हुईं,
बहु मन्दिरों की वस्तुओं से मसजिदें मण्डित हुईं।
जजिया सरीखे कर लगे, यह बात सिद्ध हुई सही—
'जो प्राप्त हो परतन्त्रता में दुःख थोड़ा है वही' ॥229॥

प्रशंसा

इससे न यह समझो कि यों ही वह समय बीता सभी;
ऐसा नहीं है, उन दिनों भी था सु-काल कभी कभी।

किया है कि यमुनास्तम्भ हिन्दू लोगों का बनवाया हुआ है। यमुनास्तम्भ के बनाने के कौशल के संग मुसलमान लोगों के स्तम्भ बनाने के कौशल में अनमेल देखकर वगलार महोदय ने सिद्धान्त किया है कि यमुनास्तम्भ हिन्दुओं का बनाया हुआ है। अलीगढ़ के प्रसिद्ध सर सैयद अहमद खाँ ने कर्नल केनिंगहम को जो इस विषय में एक पत्र लिखा था, उसमें उन्होंने दिखलाया है कि यमुनास्तम्भ कभी मुसलमान कृत नहीं हो सकता। विशेषतः यमुनास्तम्भ के नीचे की ओर जो हिन्दुओं ने पूजन के घाट इत्यादि अंकित किये हैं उनसे वह हिन्दू लोगों का बनाया हुआ प्रमाणित है। यमुनास्तम्भ पहले जितना ऊँचा था अब उतना ऊँचा नहीं है क्योंकि कुतुबुद्दीन ने उसका शिखर तोड़कर मुसलमानी ढंग से बनवाया और उसे अपने नाम से प्रसिद्ध किया।—दीपनिर्वाण

निज शत्रु तक के गुण हमें कहना उचित है सब कहीं,
सच को छिपाने के बराबर पाप कोई है नहीं ॥230॥

ऐसा नहीं होता कि सारी जाति कोई क्रूर हो,
सम्भव नहीं कि समाज भर से ही सदयता दूर हो।
अतएव ऐसे भी यवन-सम्राट कुछ हैं हो गये—
जातीय-पंक-कलंक को जो कीर्ति-जल से धो गये ॥231॥

अकबर

कम कीर्ति अकबर की नहीं सत्शासकों की ख्याति में,
शासक न उसके सम सभी होंगे किसी भी जाति में।
हो हिन्दुओं के अर्थ हिन्दू, यवन यवनों के लिए,
हठ, पक्षपात तथा दुराग्रह दूर उसने थे किये ॥232॥

निज राज्य में सुख-शान्ति का विस्तार वह करता रहा,
अन्याय, अत्याचार को सब भाँति वह हरता रहा,
निज शत्रुओं के भी गुणों का मान उसने था किया,
विश्वासपूर्वक हिन्दुओं को सचिव तक का पद दिया ॥233॥

भाषा और कवि

उस काल भाषा भी हमारी उच्च पद पाती रही,
हाँ, फारसी-फरमान तक पर वह लिखी जाती रही।
श्रीसूर, तुलसी, देव, केशव, कवि बिहारी-सम हुए,
जिनके अतुल ग्रन्थाकरों से भाव-रत्नोद्गम हुए ॥234॥

औरंगजेब

यदि पूर्वजों की नीति को औरंगजेब न भूलता—
होती यवन राजत्व पर विधि की न यों प्रतिकूलता।
गो-वध मिटाने को कहाँ वह पूर्वजों की घोषणा[1]—
सोचो, कहाँ यह हिन्दुओं के धर्म्म-धन की शोषणा ॥235॥

---

1. (क) प्रसिद्ध है कि नरहरि कवि के निम्नलिखित पद्य को सुनकर मुगल सम्राट अकबर ने गोकुशी बिलकुल ही बन्द करा दी थी।
तृण जो दन्त पर धरहिं तिनहिं मारत न सबल कोइ,
हम नित प्रति तृण चरहिं बैन उच्चरहिं दीन होइ।

अन्याय ऐसे, पुरुष होकर हाय! हम सहते रहे,
करके न कुछ उद्योग विधि की बात ही कहते रहे।
हम चाहते तो एक होकर क्या न कर सकते भला?
पर ऐक्य का तो नाम लेते ही यहाँ घुटता गला ॥236॥

आत्माभिमान

निश्चय यवनराजत्व में ही हम पतित थे हो चुके,
बल और वैभव आदि अपना थे सभी कुछ खो चुके,
पर यह दिखाने को कि भारत पूर्व में ऐसा न था,
आत्मावलम्बी भी हुए कुछ लोग हममें सर्वथा ॥237॥

महाराना प्रतापसिंह

राना प्रताप-समान तब भी शूरवीर यहाँ हुए,
स्वाधीनता के भक्त ऐसे श्रेष्ठ और कहाँ हुए?
सुख मानकर बरसों भयंकर सर्व दुःखों को सहा,
पर वतन छोड़ा, शाह को बस तुर्क ही मुख से कहा ॥238॥

जौहर

चित्तौर चम्पक ही रहा यद्यपि यवन अलि हो गये,
धर्म्मार्थ हल्दीघाटी में कितने सुभट बलि हो गये!
कुल-मान जब तक प्राण तब तक, यह नहीं तो वह नहीं,
मेवाड़ भर में वक्रताएँ गूँजती ऐसी रहीं ॥239॥

हिन्दुहिं मधुर न देहिं कटुक तुरकहिं न पियावहिं,
पय विशुद्ध अति स्रवहिं बच्छ महिथम्भन जावहिं।
सुन शाह अकब्बर! अरज यह, कहत गऊ जोरे करन,
सो कौन चूक मोहिं मारियत, मुए चाम सेवहुँ चरन ॥

(ख) अकबर ने जैनाचार्य हरिविजयसूर और जयचन्दसूर के अनुरोध से साल में कुछ नियत दिनों के लिए जीवहिंसा मात्र बन्द कर देने के फरमान जारी कर दिये थे। इस बात का उल्लेख प्रसिद्ध इतिहास लेखक बरादाऊनी ने भी किया है और विजय-प्रशस्ति नामक महाकाव्य में भी यह बात लिखी हुई है।

विख्यात वे जौहर[1] यहाँ के आज भी हैं लोक में,
हम मग्न हैं उन पद्मिनी-सी देवियों के शोक में!
आर्य्य-स्त्रियाँ निज धर्म्म पर मरती हुई डरती नहीं,
साद्यन्त सर्व सतीत्व-शिक्षा विश्व में मिलती यहीं ॥240॥

शिवाजी

फिर भी दिखाई देश में जिसने महाराष्ट्रच्छटा—
दुर्दान्त आलमगीर का भी गर्व जिससे था घटा।
उस छत्रपति शिवराज का है नाम ही लेना अलम्,
है सिंह परिचय के लिए बस 'सिंह' कह देना अलम् ॥241॥

यवन राजत्व का अन्त

दौरात्म्य यवनों का यहाँ जब बढ़ गया अत्यन्त ही,
सँभले न, उनका भी हुआ बस अन्त में फिर अन्त ही।
था द्वार जो निज नाश का औरंगजेब बना गया,—
खुलकर पलासी में दिखाया दृश्य ही उसने नया! ॥242॥

ब्रिटिश राज्य

अन्यायिकों का राज्य भी क्या अचल रह सकता कभी?
आखिर हुए अंग्रेज शासक, राज है जिनका अभी।
सम्प्रति समुन्नति की सभी हैं प्राप्त सुविधाएँ यहाँ,
सब पथ खुले हैं भय नहीं विचरो जहाँ चाहो वहाँ ॥243॥

1. राजपूताने में, सतीत्व धर्म की रक्षा के लिए हजारों स्त्रियाँ जीते जी चिताओं में जल गयीं। इसको जौहर व्रत कहते हैं।

अन्याय यवनों का हमें निज दोष से सहना पड़ा,
है किन्तु नारायण अहा! न्यायी तथा सकरुण बड़ा!
देते हुए भी कर्म्म-फल हम पर हुई उसकी दया,
भेजा प्रसिद्ध उदार उसने ब्रिटिश राज्य यहाँ नया ॥244॥

शासन किसी पर-जाति का चाहे विवेक-विशिष्ट हो,
सम्भव नहीं है किन्तु जो सर्वांश में वह इष्ट हो।
यह सत्य है, तो भी ब्रिटिश-शासन हमें सम्मान्य है,
वह सु-व्यवस्थित है तथा आशा-प्रपूर्ण, वदान्य है ॥245॥

सम्प्रति सभी साधन हमें हैं, सुलभ आत्मविकास के,
पथ, रेल, तार मिटा रहे हैं सब प्रयास प्रवास के।
प्रायः चिकित्सालय, मदरसे, डाकघर हैं सब कहीं,
बस, पास पैसा चाहिए फिर कुछ असुविधा है नहीं ॥246॥

सचमुच ब्रिटिश साम्राज्य ने हमको बहुत कुछ है दिया,
विज्ञान का वैभव दिखाया, समय से परिचित किया।
उससे हमारी कीर्ति का भी हो रहा उपकार है,
वह पूर्व चिह्नों का हुआ वा हो रहा उद्धार है ॥247॥

हमारी दशा

पर हाय! अब भी तो नहीं निद्रा हमारी टूटती,
कैसी कुटेबें हैं कि जो अब भी नहीं हैं छूटती।
बेसुध, अभी तक हैं न जाने कौन ऐसा रस पिया?
देखा बहुत कुछ किन्तु हमने सब बिना देखा किया! ॥248॥

हैं घट गये सम्प्रति हमारे चरित ऐसे सर्वथा,
कवि-कल्पना-सी जान पड़ती पूर्वजों की वह कथा।
आश्चर्य क्या जो फिर हमें वह युक्ति-युक्त जँचे नहीं,
छोटे दिलों में भी बड़ी बातें समा सकती कहीं ॥249॥

गायक मदन शिशु जो कहीं होता पुरातन काल में,
होते कहीं ये भीमकर्म्मा राममूर्ति न हाल में,
लेते न सम्प्रति जन्म जो ये आधुनिक अर्जुन कई,
इनकी कथा भी कल्पना की दौड़ कहलाती नई[1] ॥250॥

---

1. (क) अलौकिक शिशु गायक मास्टर मदन, एमहर्स्ट स्ट्रीट, कलकत्ता निवासी बाबू बसन्तकुमार चटर्जी का पुत्र है। इस बालक का पूरा नाम है मदनमोहन चटर्जी। यह बालक 2 वर्ष 9 महीने की अवस्था से गाता है। 3 वर्ष 2 महीने की अवस्था में सर्वसाधारण के समक्ष मदन का पहला गाना हुआ। ताल-स्वर संयुक्त गान सुनकर सुननेवाले मुग्ध हो गये तब से बड़े-बड़े जलसों में गाने के लिए मदन बुलाया जाता है। बड़े गवैयों ने मदन के गाने की प्रशंसा की है। गाने के उपलक्ष में मदन को कई तमगे मिले हैं जिनमें 1 चाँदी का और 15 सोने के हैं। इस समय मास्टर मदन की अवस्था कोई सात वर्ष की है, संगीत विद्या विशारदों की राय है कि दस वर्ष अभ्यास करनेवाले गवैयों में जो बात पैदा नहीं हो सकती, वह बात मास्टर में है।

(ख) जगविख्यात भीमकर्म्मा प्रोफेसर राममूर्ति नायडू को कौन नहीं जानता? आप मद्रास हाते के विजगापट्टम जिले के रहनेवाले हैं। आप चालीस-चालीस मन के पत्थर छाती पर से निकलवा देते हैं और बदन में कहीं निशान तक नहीं होता। लोहे की मोटी-मोटी जंजीरें आप हाथ से तो तोड़ डालते हैं, गरदन में लपेटकर भी तोड़ देते हैं। गरदन तानते ही जंजीर कड़कड़ाकर अलग हो जाती है। आप अपनी छाती पर हाथी भी खड़ा कर लेते हैं। सोलह-सोलह घोड़े की ताकत वाली मोटर रोकते हैं। कभी-कभी आप दो-दो मोटरें रोक लेते हैं। आपको पचासों पदक मिले हैं। एक पदक स्वयं महाराज राज पंचम जार्ज ने जो उस साल युवराज की हैसियत से भारत में पधारे थे, दिया था। आप अपने अद्‌भुत शारीरिक बल के कारण कलयुगी-भीम कहलाते हैं।

(ग) हमारे पाठकों में से बहुतों ने धनुर्विद्याविशारद सव्यसाची राना सुल्तानसिंह जी का नाम सुना होगा। आप क्षत्रियकुल में उत्पन्न हुए हैं। आपका घराना लीमड़ी के राजवंश से सम्बन्ध रखता है—लीमड़ी राज्य की ओर से लीमड़ी के पास ही रंगपुर में आपकी जागीर है। आपके पिता का नाम भूपतसिंह जी और काका का नाम केसरीसिह जी था। आपका जन्म संवत् 1920 में हुआ था। दस वर्ष की उम्र के काका केसरसिंह जी आपको गोदी में बिठलाकर, बन्दूक चलाना और निशाना मारना सिखलाते थे। अभ्यास बड़ी चीज है। धीरे-धीरे आप लक्ष्य वेध में पारंगत होने लगे। अब इस समय आप कोई तीस पैंतीस प्रकार के प्रयोग करते हैं। जैसे इषिकास्त्र प्रयोग भयानक-वेध, अदृश्य-वेध, चललक्ष्यवेध, मत्स्य-वेध, शब्द-वेध इत्यादि। आपने यह सिद्ध कर दिया है कि हमारे प्राचीन ग्रन्थों में बाण-विद्या की जिन अद्‌भुत करामातों का उल्लेख है, जिन्हें लोग पौराणिक गपोड़े समझते हैं, वे

सारे जगत में जब परा-विद्या[1] प्रमुखता पायगी—
उत्पत्ति भारत में तथा उसकी बताई जायगी।
तब भी कदाचित् मुँह बनाकर कह उठेंगे हम यही—
क्यों जी, हमारे पूर्वजों की यह कथा क्या है सही? ॥251॥

संसाररूप शरीर में जो प्राणरूप प्रसिद्ध था,
सब सिद्धियों में जो कभी सम्पूर्णता से सिद्ध था।
हा हन्त! जीते जी वही अब हो रहा म्रियमाण है,
अब लोक-रूप मयंक में भारत कलंक-समान है ॥252॥

हा दैव! अब वे दिन कहाँ हैं और वे रातें कहाँ?
है काल की घातें कि कल की आज हैं बातें कहाँ?
क्या थे तथा अब क्या हुए हम, जानता बस काल है,
भगवान, जानें, काल की कैसी निराली चाल है! ॥253॥

कपोल-कल्पित कहानियाँ नहीं वरन् सब सही हैं, आपके पुत्र का नाम शूरसिंह जी है, हर्ष की बात है कि वे भी इस विद्या में अपने पिता के समान ही प्रवीण हैं।
(घ) राना सुल्तानसिंह जी की तरह एक और भी आधुनिक अर्जुन हैं। आपका नाम है लल्लूभाई कल्याणजी शाह। आप भावनगर (काठियावाड़) के रहने वाले श्वेताम्बरी जैन वैश्य हैं। आपका जन्म संवत् 1932 में हुआ था। जिन प्रयोगों को राना सुलतान सिंह जी करते हैं उन्हीं सब प्रयोगों को आप भी करते हैं।
(ङ) अभी बहुत दिन नहीं हुए, दक्षिण में एक निशानेबाज था। उसके भाई और लड़के भी अच्छा निशाना लगाते थे। वे आमने-सामने बन्दूक भरकर खड़े होते थे और एक साथ फायर करते थे। पर दोनों तरफ की गोलियाँ बीच ही में परस्पर टकराकर लड़ जाती थीं और चिपटी होकर दायें-बायें गिर पड़ती थीं। इस प्रयोग में कभी गलती नहीं हुई। यह बात एक मासिक पुस्तक के आधार पर 'सरस्वती' में प्रकाशित हुई थी।

1. परा यया तदक्षरमधिगम्यते।—मुण्डकोपनिषद्
अर्थात् परा वह विद्या है जिससे अविनाशी ब्रह्म जाना जाता है।

वर्त्तमान खण्ड

प्रवेश

जिस लेखनी ने लिखा उत्कर्ष भारतवर्ष का,
लिखने चली अब हाल वह उसके अमित अपकर्ष का।
जो कोकिला नन्दन-विपिन में प्रेम से गाती रही,
दावाग्नि-दग्धारण्य में रोने चली है अब वही! ॥1॥

वर्त्तमान भारत

यद्यपि हताहत गात में कुछ साँस अब भी आ रही,
पर सोच पूर्वापर दशा मुँह से निकलता है यही—
जिसकी अलौकिक कीर्ति से उज्ज्वल हुई सारी मही,
था जो जगत का मुकुट, है क्या हाय! यह भारत वही? ॥2॥

भारत, कहो तो आज तुम क्या हो वही भारत अहो!
हे पुण्यभूमि! कहाँ गयी है वह तुम्हारी श्री कहो?
अब कमल क्या, जल तक नहीं, सर मध्य केवल पंक है;
वह राज-राज कुबेर अब हा! रंक का भी रंक है ॥3॥

प्राचीन चिन्ह

प्राचीनता के चिह्न भी क्या अब तुम्हारे रह गये?
खँडहर खड़े हैं कुछ सही, पर आज वे भी हैं नये।
सुनते यही हैं हाय! हम जा पहुँचते हैं जब वहाँ–
"कोई हमें वे मत कहो, देखो न, अब हम वे कहाँ!" ॥4॥

उन मन्दिरों के ढेर ऊँचे, अद्रि-रूप, उजाड़ हैं;
हा पूर्वजों की बैठकों पर दीखते अब झाड़ हैं!
वे झाड़ मर्मर-मिस पवन में भर रहे ये शब्द हैं–
'जो थे यहाँ उनको हुए बीते अनेकों अब्द[1] हैं!' ॥5॥

निज श्रेष्ठ सौधों में सुगायक श्रुति-सुधा थे घोलते,
निशि-मध्य, टीलों पर उन्हीं के आज उल्लू बोलते!
"सोते रहो हे हिन्दुओ! हम मौज करते हैं यहाँ,"
प्राचीन चिह्न विनष्ट यों किस जाति के होंगे कहाँ? ॥6॥

श्रुति, शास्त्र और पुराण का होता जहाँ प्रिय-पाठ था,
सुन्दर, सुखद, शुचि सत्त्व गुण का एक अद्‌भुत ठाठ था।
जम्बुक अचानक अब वहाँ की शान्ति करते भंग हैं,
आकाश के बहु रंग जैसे भूमि के भी डंग है ॥7॥

आमोद बरसाती जहाँ थी यज्ञ-धूममयी घटा,
यश-तुल्य जिस आमोद की थी स्वर्ग में छायी छटा।
अब प्लेग जैसी व्याधियों की है वहाँ फैली हवा,
चलती नहीं जिस पर धुरन्धर डाक्टरों की भी दवा! ॥8॥

दारिद्र्य

रहता प्रयोजन से प्रचुर पूरित जहाँ धन-धान्य था,
जो 'स्वर्ण-भारत' नाम से संसार में सम्मान्य था;

1. वर्ष

दारिद्र्य दुर्धर अब वहाँ करता निरन्तर नृत्य है;
आजीविका-अवलम्ब बहुधा भृत्य का ही कृत्य है ॥9॥

देखो जिधर अब बस उधर ही है उदासी छा रही,
काली निराशा की निशा सब ओर से है आ रही।
चिन्ता तरंगें चित्त को बेचैन रखती हैं सदा,
अब नित्य ही आती यहाँ पर एक नूतन आपदा ॥10॥

दुर्भिक्ष

दुर्भिक्ष मानो देह धर के घूमता सब ओर है,
हा! अन्न! हा हा! अन्न का रव गूँजता घनघोर है।
सब विश्व में सौ वर्ष में, रण में मरे जितने हरे,
जन चौगुने उनसे यहाँ दस वर्ष में भूखों मरे[1]! ॥11॥

उड़ते प्रभंजन से यथा तप मध्य सूखे पत्र हैं,
लाखों यहाँ भूखे भिखारी घूमते सर्वत्र हैं।
है एक चिथड़ा ही कमर में और खप्पर हाथ में,
नंगे तथा रोते हुए बालक विकल हैं साथ में ॥12॥

आवास या विश्राम उनका एक तरुतल मात्र है,
बहु कष्ट सहने से सदा काला तथा कृश गात्र है!
हेमन्त उनको है कँपाता, तप तपाता है तथा–
है झेलनी पड़ती उन्हें सिर पर विषम वर्षा-व्यथा ॥13॥

वह पेट उनका पीठ से मिलकर हुआ क्या एक है?
मानो निकलने को परस्पर हड्डियों में टेक है।

---

1. कुल दुनिया की लड़ाइयों में सौ वर्ष के अन्दर (1793 से 1900 तक) सिर्फ पचास लाख आदमी मारे गये हैं पर हमारे हिन्दुस्तान के केवल दस वर्ष में (1891 से 1901 तक) अकाल और भूख के मारे एक करोड़ नब्बे लाख मनुष्यों ने प्राण त्याग किये।
–हिन्दी ग्रन्थमाला, मई सन् 1908, पृष्ठ 9

निकले हुए हैं दाँत बाहर, नेत्र भीतर हैं धँसे;
किन शुष्क आँतों में न जानें प्राण उनके हैं फँसे ॥14॥

अविराम आँखों से बरसता आँसुओं का मेह है,
है लटपटाती चाल उनकी, छटपटाती देह है।
गिरकर कभी उठते यहाँ, उठकर कभी गिरते वहाँ;
घायल हुए से घूमते हैं वे अनाथ जहाँ तहाँ ॥15॥

है एक मुट्ठी अन्न को वे द्वार द्वार पुकारते,
कहते हुए कातर बचन सब ओर हाथ पसारते—
"दाता, तुम्हारी जय रहे हमको दया कर दीजियो—
माता! मरे हा! हा! हमारी शीघ्र ही सुध लीजियो" ॥16॥

कृमि, कीट, खग, मृग आदि भी भूखे नहीं सोते कभी,
पर वे भिखारी स्वप्न में भी भूख से रोते सभी।
वे सुप्त हैं या मृत कि मूर्च्छित, कुछ समझ पड़ता नहीं;
मूर्छा कि मृत्यु अवश्य है, यह नींद की जड़ता नहीं ॥17॥

है काँखता कोई नहीं, कोई कहीं रोता पड़ा;
कोई विलाप-प्रलाप करता, ताप है कैसा कड़ा?
हैं मृत्यु-रमणी पर प्रणयि-सम वे अभागे मर रहे,
जब से बुभुक्षाकुट्टनी ने उस प्रिया के गुण कहे? ॥18॥

नारी-जनों की दुर्दशा हमसे कही जाती नहीं,
लज्जा बचाने को अहो! जो वस्त्र भी पाती नहीं।
जननी पड़ी है और शिशु उसके हृदय पर मुख धरे,
देखा गया है, किन्तु वे माँ-पुत्र दोनों हैं मरे! ॥19॥

जो कुलवती हैं भीख भी वे माँग सकती हैं नहीं,
मर जायँ चाहे किन्तु झोली टाँग सकती हैं नहीं!
सन्तान ने आकर कहा—'माँ! रात तो होने लगी,
भूखे रहा जाता नहीं माँ!' सुन जननि रोने लगी ॥20॥

है खोलती सरकार यद्यपि काम शीघ्र अकाल के,
होती सभाएँ, और खुलते सत्र आटे दाल के।

पूरा नहीं पड़ता तदपि, वह त्राहि कम होती नहीं;
कैसी विषमता है कि कुछ भी हाय! सम होती नहीं ॥21॥

प्रायः सदा दुर्भिक्ष ऐसा है बना रहता जहाँ,
आश्चर्य, क्या यदि फिर निरन्तर नीचता फैले वहाँ।
करता नहीं क्या पाप भूखा? पेट हो तेरा बुरा,
हा! छोड़ती सुत तक नहीं उरगी क्षुधा से आतुरा! ॥22॥

शासक यहाँ जो दोषियों को साँकलों से कस रहे,
जो अंडमान समान टापू हैं यहाँ से बस रहे।
फिर भी दिनों दिन बढ़ रहा जो घोर घटना-जाल है,
है हेतु इसका और क्या, दुर्भिक्ष या दुष्काल है ॥23॥

"कुल जाति-पाँति न चाहिए यह सब रहे या जाय रे,
बस एक मुट्ठी अन्न हमको चाहिए अब हाय रे!
इस पेट पापी के लिए ही हम विधर्मी बन रहे;
निज धर्म-मानस से निकल अध पंक में हैं सन रहे ॥24॥

जिन दूर देशों में[1] हमारे धर्म्म के झण्डे उड़ें—
आकर स्वयं जिनके तले दिन दिन वहाँ के जन जुड़ें,
तजना पड़े हमको वहीं के धर्म्म पर निज धर्म्म को;
हा! हा! बुभुक्षा राक्षसी क्या देखती दुष्कर्म को! ॥25॥

हे धर्म्म और स्वदेश! तुमको बार-बार प्रणाम है!
हा! हम अभागों का हुआ क्या आज यह परिणाम है!
हमको क्षमा करियो, क्षुधा-वश हम तुम्हें हैं खो रहे,
होकर विधर्म्मी हाय! अब हम हैं विदेशी हो रहे" ॥26॥

आनन्द-नद में मग्न थे जिस देश के वासी सभी,
सुर भी तरसते थे जहाँ पर जन्म लेने को कभी[2]।

---

1. जैसे अमेरिका में।
2. एतदेवहि देवा गायन्ति—
अहो अमीषां किककारि शोभनं प्रसन्न एषां स्विदुत स्वयं हरिः॥
यैर्जन्म लब्धं नृषु भारताजिरे मुकुन्दसेवौपयिकं स्पृहा हि नः ॥—श्रीमद्भागवत्

हा! आज उसकी यह दशा, सन्ताप छाया सब कहीं,
सुर क्या, असुर भी अब यहाँ का जन्म चाहेंगे नहीं ॥27॥

कृषि और कृषक

अब पूर्व की-सी अन्न की होती नहीं उत्पत्ति है,
पर क्या इसी से अब हमारी घट रही सम्पत्ति है?
यदि अन्य देशों को यहाँ से अन्न जाना बन्द हो—
तो देश फिर सम्पन्न हो, क्रन्दन रुके, आनन्द हो ॥28॥

वह उर्वरापन भूमि का कम हो गया है, क्यों न हो?
होता नहीं कुछ यत्न उसका, कैसे हो, कहो?
करते नहीं कर्षक परिश्रम, और वे कैसे करें?
कर-वृद्धि है जब साथ तब क्यों वे वृथा कर मरें? ॥29॥

सौ में पचासी जन यहाँ निर्वाह कृषि पर कर रहे,
पाकर करोड़ों अर्द्ध भोजन सर्द आहें भर रहे।
जब पेट की ही पड़ रही, फिर और की क्या बात है,
'होती नहीं है भक्ति भूखे' उक्ति यह विख्यात है ॥30॥

कृषि-कर्म की उत्कर्षता सर्वत्र विश्रुत है सही,
पर देख अपने कर्षकों को चित्त में आता यही—
हा दैव! क्या जीते हुए आजन्म मरना था उन्हें?
भिक्षुक बनाते, पर विधे! कर्षक न करना था उन्हें ॥31॥

कृषि में अपेक्षा वृष्टि की रहती हमें अब है सदा,
होता जहाँ वैषम्य उसमें क्या कहें फिर आपदा।
रहता अवर्षण से अहो! अब जो हमारा हाल है,
दृष्टान्त उसका इन दिनों[1] गुजरात का दुष्काल है ॥32॥

---

1. 1912 ई.।

था एक ऐसा भी समय पड़ता अकाल न था यहाँ[1],
हो या न हो वर्षा, जलाशय थे यथेष्ट जहाँ तहाँ।
भारत पढ़ो[2], देवर्षि ने है क्या युधिष्ठिर से कहा–
"कृषि-कार्य्य वर्षा की अपेक्षा के बिना तो हो रहा?" ॥33॥

केवल अवर्षण ही नहीं, अति वृष्टि का भी कष्ट है;
बढ़कर प्रलय-सम प्रबल जल सर्वत्र करता नष्ट है।
'दैवोऽपि दुर्बलघातकः' अथवा अभाग्य कहें इसे?
किंवा कहो निज कर्म का मिलता नहीं है फल किसे? ॥34॥

अब ऋतु-विपर्यय तो यहाँ आवास ही-सा है किये,
होती प्रकृति में भी विकृति हा! भाग्यहीनों के लिए।
हेमन्त में बहुधा घनों से पूर्ण रहता व्योम है,
पावस-निशाओं में तथा हँसता शरद का सोम है ॥35॥

हो जाय अच्छी भी फसल पर लाभ कृषकों को कहाँ?
खाते[3] खवाई, बीज-ऋण से हैं रंगे रक्खे यहाँ।
आता महाजन के यहाँ वह अन्न सारा अन्त में,
अध-पेट रहकर फिर उन्हें हैं काँपना हेमन्त में ॥36॥

पानी बनाकर रक्त का, कृषि कृषक करते हैं यहाँ,
फिर भी अभागे भूख से दिन रात मरते हैं यहाँ।
सब बेचना पड़ता उन्हें निज अन्न वह निरुपाय है,
बस चार पैसे से अधिक पड़ती न दैनिक आय[4] है ॥37॥

---

1. एक यूनानी राजदूत ने जो कि चन्द्रगुप्त के दरबार में रहा था, आश्चर्य और प्रशंसा के साथ लिखा है कि देश के अधिक भाग में सिंचाई का प्रबन्ध होने के कारण इस देश में अकाल पड़ता ही न था और बोई हुई भूमि के पास ही युद्ध और लड़ाइयाँ होती थीं परन्तु युद्ध करने वालों में से कोई भी किसान या उसकी खेती को कुछ हानि नहीं पहुँचाता था। चन्द्रगुप्त के हिन्दू राज्य का बल और विस्तार उसके राज्य में जान और माल की रक्षा और उस प्राचीन समय में खेती और सिंचाई के प्रबन्ध की उत्तम दशाओं का वर्णन ऐसा है जिसे आजकल का प्रत्येक हिन्दू उचित अभिमान के साथ स्मरण करेगा।–आर.सी. दत्त
2. सभापर्व। 3. बहीखाते।
4. सरकारी रिपोर्टों से मालूम होता है कि प्रत्येक किसान की दैनिक आय तीन पैसे से कुछ ही अधिक होती है। परन्तु यदि प्रत्येक किसान की दैनिक आय चार पैसे भी मान ली जाय तो क्या होता है?

जब अन्य देशों के कृषक सम्पत्ति में भरपूर हैं—
लाते कि जिनसे आठ रुपया रोज के मजदूर हैं,
तब चार पैसे रोज ही पाते यहाँ कर्षक अहो!
कैसे चले संसार उनका किस तरह निर्वाह हो? ॥38॥

बीता नहीं बहु काल उस औरंगजेबी को अभी—
करके स्मरण जिसका कि हिन्दू काँप उठते हैं सभी,
उस दुःसमय का चावलों का आठ मन का भाव[1] है!
पर आठ सेर नहीं रहा अब, क्या अपूर्व अभाव है! ॥39॥

होती नहीं है कृषि वहाँ पूरी तरह से अब कभी,
यद्यपि शुभाषा चित्त में होती हमें है जब कभी।
पाला कहीं ओले कहीं लगता कहीं कुछ रोग है,
पहले शुभाषा, फिर निराशा, दैव! कैसा योग है? ॥40॥

बरसा रहा है रवि अनल, भूतल तवा-सा जल रहा,
है चल रहा सनसन पवन, तन से पसीना ढल रहा।
देखो कृषक शोणित सुखाकर हल तथापि चला रहे,
किस लोभ से इस आँच में वे निज शरीर जला रहे ॥41॥

मध्याह्न है उनकी स्त्रियाँ ले रोटियाँ पहुँची वहीं,
हैं रोटियाँ रूखी, खबर है शाक की हमको नहीं।
सन्तोष से खाकर उन्हें वे, काम में फिर लग गये,
भर-पेट भोजन पा गये तो भाग्य मानो जग गये ॥42॥

उन कृषक-बधुओं की दशा पर नित्य रोती है दया,
हिम-ताप वृष्टि-सहिष्णु जिनका रंग काला पड़ गया।
नारी-सुलभ-सुकुमारता उनमें नहीं है नाम को,
वे कर्कशांगी क्यों न हों, देखो न उनके काम को ॥43॥

गोबर उठाती, थापती हैं, भोगती आयास वे,
कृषि काटतीं, लेती परोहे, खोदती हैं घास वे।
गृह-कार्य्य जितने और हैं करती वही सम्पन्न हैं,
तो भी कदाचित् ही कभी भर पेट पाती अन्न हैं ॥44॥

1. औरंगजेब के जमाने में बंगाल में, जब कि उसका सूबेदार शाइस्ताखाँ था, एक रुपये के आठ मन चावल बिकते थे।

कुछ रात रहते जगाकर चक्की चलाने बैठतीं,
हम सच कहेंगे, उस समय वे गीत गाने बैठतीं।
पर क्या कहें, उस गीत से क्या लाभ पाने बैठतीं,
वे सुख बुलाने बैठतीं या दुख भुलाने बैठतीं ॥45॥

घनघोर वर्षा हो रही है, गगन गर्जन कर रहा।
घर से निकलने को कड़ककर वज्र वर्जन कर रहा।
तो भी कृषक मैदान में करते निरन्तर काम हैं,
किस लोभ से वे आज भी लेते नहीं विश्राम हैं? ॥46॥

बाहर निकलना मौत है, आधी अँधेरी रात है,
आः शीत कैसा पड़ रहा है, थरथराता गात है।
तो भी कृषक ईंधन जलाकर खेत पर हैं जागते
वह लाभ कैसा है न जिसका लोभ अब भी त्यागते ॥47॥

यह अन्न तो लेंगे विदेशी, लाभ क्या उनको कहो?
मिलता उन्हें जो अर्द्ध भोजन विघ्न उसमें भी न हो।
कहते इसी से हैं कि क्या आजन्म मरना था उन्हें,
भिक्षुक बनाते पर विधे, कर्षक न करना था उन्हें ॥48॥

हैं वे असभ्य तथा अशिक्षित, भाव उनके भ्रष्ट हैं;
दुख-भार से सुविचार मानो हो गये सब नष्ट हैं।
अपनी समुन्नति के उन्हें कोई उपाय न सूझते,
अपनी हिताहित भी न कुछ वे हैं समझते बूझते ॥49॥

सज्ञान कैसे हों, उन्हें संयोग ही मिलता नहीं,
विख्यात कमलालय कमल भी दिन बिना खिलता नहीं।
है पेट से ही पेट की पड़ती उन्हें, वे क्या करें।
वे ग्वाल हो जीते रहें, या छात्र बन भूखों मरें? ॥50॥

सम्प्रति कहाँ क्या हो रहा है कुछ न उनको ज्ञान है,
है वायु कैसा चल रहा इसका न कुछ ध्यान है।
मानो भुवन से भिन्न उनका दूसरा ही लोक है,
शशि-सूर्य्य हैं फिर भी कहीं उसमें नहीं आलोक है ॥51॥

भरपेट भोजन ही चरम सुख में अकिंचन मानते,
पर साथ ही दुर्भाग्य-वश दुर्लभ उसे हैं जानते।
दिन दुःख के हैं भर रहे करते हुए सन्तोष वे,
लाचार हैं, निज भाग्य को ही दे रहे हैं दोष वे ॥52॥

उनको निरन्तर दुःख ने अब कर दिया यों दीन है—
सुख-कल्पना तक से हुआ उनका हृदय अब हीन है।
आलोक का अनुभव कभी जन्मान्ध कर सकते नहीं,
मरु-जन्तु सहसा सुरसरी का ध्यान धर सकते नहीं ॥53॥

ग्रामीण गीत यदा कदा वे गान करते हैं सही,
है फाग उनका राग बहुधा और उत्सव भी वही।
पर चित्त को वे दीन जन किस भाँति बहलाया करें?
क्या आँसुओं से ही उसे वे नित्य नहलाया करें? ॥54॥

तुम सभ्य हो 'मार्केट' जिनका सात सागर पार है,
पर ग्राम की वह हाट ही उनका 'बड़ा बाजार' है।
तुम हो विदेशों से मँगाते माल लाखों का यहाँ,
पर वे अकिंचन नमक-गुड़ ही मोल लेते हैं वहाँ ॥55॥

करते सहर्ष प्रदर्शिनी की सैर तुम कौतुक भरी,
(क्या लाभ उससे हो उठाते, बात है यह दूसरी।)
वे हो सका तो ग्राम्य-मेले देखकर ही धन्य हैं,
मनिहार की दूकान से जिनमें सुदृश्य न अन्य हैं ॥56॥

तुम दार्शनिक हो, ईश का अस्तित्व सत्य न मानते,
हैं भूत-प्रेतों से अधिक वे भी न उसको जानते।
हा दैव! इस ऋषि-भूमि का यह आज कैसा हाल है!
तू काल! सचमुच काल ही है क्रूर और कराल है ॥57॥

पाठक! न यह कह बैठना—छेड़ा कहाँ का यह राग है,
यह फूल कैसा कि इसमें गन्ध है न पराग है?
है यह कथा नीरस तदपि इसमें हमारा भाग है,
निकले बिना बाहर नहीं रहती हृदय की आग है ॥58॥

गो-वध

है कृषि-प्रधान प्रसिद्ध भारत और कृषि की यह दशा!
हाँकर रसा[1] यह नीरसा अब हो गयी है कर्कशा।
अच्छी उपज होती नहीं है, भूमि बहु परती पड़ी;
गो-वंश का वध ही यहाँ है याद आता हर घड़ी! ॥59॥

यूरोप में कल के हलों से काम होता है सही,
जुत क्यों न जाती हो अरब में ऊँट के हल से मही।
गो-वंश पर ही किन्तु है यह देश अवलम्बित सदा,
पर दीन भारत, हाय तेरे भाग्य में है क्या बदा ॥60॥

है भूमि बन्ध्या हो रही, वृष-जाति दिन दिन घट रही;
घी दूध दुर्लभ हो रहा, बल-वीर्य्य की जड़ कट रही।
गो-वंश के उपकार की सब ओर आज पुकार है;
तो भी यहाँ उसका निरन्तर हो रहा संहार है ॥61॥

वह भी समय था एक, जो अब स्वप्न जा सकता कहा,
घी तीस सेर[2] विशुद्ध रुपये में हमें मिलता रहा।
देहात में भी सेर भर से अब अधिक मिलता नहीं,
दुर्बल हुए हम आज यों, तनु भार भी झिलता नहीं ॥62॥

दाँतों तले तृण दाबकर हैं दीन गायें कह रहीं—
"हम पशु तथा तुम हो मनुज, पर योग्य क्या तुमको यही?
हमने तुम्हें माँ की तरह है दूध पीने को दिया,
देकर कसाई को हमें तुमने हमारा वध किया ॥63॥

1. रसा = पृथ्वी।
2. अलाउद्दीन खिलजी का हाल लिखते हुए राजा शिवप्रसाद सितारे हिन्द कहते हैं—'तवारीख फरिश्ता' में लिखा है कि उस वक्त दिल्ली में अब के हिसाब से एक रुपये का दो मन गेहूँ बिकता था और पौने चार मन जव, साढ़े सात सेर की मिसरी और तीस सेर का घी।—इतिहास तिमिरनाशक, पहला खण्ड, पृ. 26

"जो जन हमारे मांस से निज देह-पुष्टि विचार के—
उदरस्थ हमको कर रहे हैं, क्रूरता से मार के।
मालूम होता है सदा, धारे रहेंगे देह वे—
या साथ ही ले जायँगे उसको बिना सन्देह वे ॥64॥

"हा! दूध पीकर भी हमारा पुष्ट होते हो नहीं,
दधि, घृत तथा तक्रादि से भी तुष्ट होते हो नहीं।
तुम खून पीना चाहते हो, तो यथेष्ट वही सही,
नर-योनि हो, तुम धन्य हो, तुम जो करो थोड़ा वही ॥65॥

"क्या वश हमारा है भला, हम दीन हैं, बलहीन हैं,
मारो कि पालो, कुछ करो तुम, हम सदैव अधीन हैं।
प्रभु के यहाँ से भी कदाचित् आज हम असहाय हैं?
इससे अधिक अब क्या कहें, हा! हम तुम्हारी गाय हैं ॥66॥

"बच्चे हमारे भूख से रहते समक्ष अधीर हैं,
करके न उनका सोच कुछ देती तुम्हें हम क्षीर हैं।
चरकर विपिन में घास फिर आती तुम्हारे पास हैं,
होकर बड़े वे वत्स भी बनते तुम्हारे दास हैं ॥67॥

"जारी रहा क्रम यदि यहाँ यों ही हमारे नाश का—
तो अन्त समझो सूर्य्य भारत-भाग्य के आकाश का।
जो तनिक हरियाली रही वह भी न रहने पायगी,
यह स्वर्ण-भारत-भूमि बस मरघट-मही बन जायगी ॥68॥

"बहुधा हमारे हेतु ही विग्रह यहाँ होता खड़ा,
सहवासियों में वैर का जो बीज बोता है बड़ा।
जो हे मुसलमानो! हमें कुर्बान करना धर्म्म है—
तो देश की यों हानि करना क्या नहीं दुष्कर्म्म है? ॥69॥

"बीतीं अनेक शताब्दियाँ जिस देश में रहते तुम्हें,
क्या लाज आवेगी उसे अपना 'वतन' कहते तुम्हें?
तुम लोग भारत को कभी समझो अरब से कम नहीं?
यद्यपि जगत में और कोई देश इसके सम नहीं ॥70॥

"जिस देश के वर-वायु से सकुटुम्ब तुम हो जी रहे,
मिष्टान्न जिसका खा रहे पीयूष-सा जल पी रहे।
जो अन्त में तनु को तुम्हारे ठौर देगा गोद में,
कर्तव्य क्या तुमको नहीं रखना उसे आमोद में? ॥71॥

"जिसमें बुजुर्गों से तुम्हारे हैं शरीर मिले हुए,
जिसने उगाये हैं वहाँ छायार्थ वृक्ष खिले हुए।
क्या मान्य 'मगरिब' की तरह तुमको न होगी वह धरा?
अजमेर की दरगाह का कर ध्यान सोचो तो जरा ॥72॥

"हिन्दू हमें जब पालते हैं धर्म अपना मान के,
रक्षा करो तब तुम हमारी देशहित ही जान के।
यदि तुम कहो—अब हम कलों से काम ले लेंगे सभी,
तो पूछती हैं हम कि क्या वे दूध भी देंगी कभी? ॥73॥

"हिन्दू तथा तुम सब चढ़े हो एक नौका पर यहाँ,
जो एक का होगा अहित तो दूसरे का हित कहाँ।
सप्रेम हिलमिल कर चलो, यात्रा सुखद होगी तभी;
पीछे हुआ सो हो गया, अब सामने देखो सभी" ॥74॥

हा! शोचनीय किसे नहीं गो-वंश का यह ह्रास है?
इस पाप से ही बढ़ रहा क्या अब हमारा त्रास है?
घृत और दुग्धाभाव से दुर्बल हुए हम रो रहे,
होकर अशक्त, अकाल में ही काल-कवलित हो रहे ॥75॥

जो नित्य नूतन व्याधियाँ करतीं यहाँ आखेट हैं,
क्या दीन-दुर्बल ही अधिक होते न उसकी भेट हैं?
'दैवोऽपि दुर्बलघातकः' फिर याद आता है यहाँ,
'छिद्रेष्वनर्थां' वाक्य पर भी ध्यान जाता है यहाँ ॥76॥

व्याधियाँ

बेमौत अपने आप यों ही हम अभागे मर रहे,
हा प्लेग जैसे रोग तिस पर हैं चढ़ाई कर रहे।
उच्छिन्न होकर अर्द्ध मृत-सा छटपटाता देश है;
सब ओर क्रन्दन हो रहा है क्लेश को भी क्लेश है ॥77॥

गौरांगगण भी तो अहो! थोड़े यहाँ रहते नहीं।
आश्चर्य किन्तु नहीं कि वे दुखदाह से दहते नहीं।
वे स्वस्थ क्यों न रहें, उन्हें कब और कौन अभाव है?
बस, दुःख में ही दुःख होता घाव में ही घाव है ॥78॥

भारत न ऐसा है कि अब वह और भी दुख सह सके,
इसकी बुरी गति भारती ही कह सके तो कह सके।
कृश हो गया सहसा सरोवर, छटपटाते मीन हैं,
तप-तप्त तरुवर शुष्क हैं, द्विजदीन हैं, गति-हीन हैं ॥79॥

व्यापार

इस रत्नगर्भा भूमि पर हा दैव! ऐसी दीनता,
है शोच्य कृषि से कम नहीं व्यापार की भी हीनता।
जिस देश के वाणिज्य की सर्वत्र धूम मची रही—
क्या पर-मुखापेक्षी नहीं है आज पद पद पर वही? ॥80॥

अब रख नहीं सकते स्वयं हम लाज भी अपनी अहो!
रखते विदेशी वस्त्र उसको, सभ्य हैं हम, क्यों न हो!
करती अपेक्षा आप अपनी पूर्ण जो जितनी जहाँ—
वह जाति उतनी ही समुन्नति प्राप्त करती है वहाँ ॥81॥

जो वस्तु देखो 'मेडइन' इंग्लैण्ड, इटली, जर्मनी,
जापान, फ्रांस, अमेरिका वा अन्य देशों की बनी।
होकर सजीव मनुष्य हम निर्जीव-से हैं हो रहे,
घर में लगाकर आग अपने बेखबर हैं सो रहे ॥82॥

कुल-नारियाँ जिनको हमारी हैं करों में धारती—
सौभाग्य का शुभ चिह्न जिनको हैं सदैव विचारती,
वे चूड़ियाँ तक हैं विदेशी देख लो बस हो चुका,
भारत स्वकीय सुहाग भी परकीय करके खो चुका ॥83॥

वे तुच्छ सूइयाँ भी विदेशी जो न हमको मिल सकें—
तो फिर पहनने के हमारे वस्त्र भी क्या सिल सकें?
माचिस विदेशी हम न लें तो फिर अँधेरे में रहें,
हैं क्षुद्र छड़ियाँ तक विदेशी और आगे क्या कहें? ॥84॥

केवल विदेशी वस्तु ही क्यों अब स्वदेशी है कहाँ?
वह वेश-भूषा और भाषा, सब विदेशी है यहाँ।
गुण मात्र छोड़ विदेशियों के हम उन्हीं में सन गये,
कैसी नकल की वाह! हम नक्काल पूरे बन गये! ॥85॥

गर्दभ बना था सिंह उसकी खाल को पाकर कभी,
पर सिंह के-से गुण कहाँ, हँसने लगे उसको सभी।
इस भाँति के नरपुंगवों की क्या कहाँ बढ़ती नहीं?
पर हाय! काले भाल पर लाली कभी चढ़ती नहीं ॥86॥

सम्प्रति स्वदेशी की हमें गन्ध भी भाती नहीं,
खस, केवड़ा, बेला, चमेली चित्त में आता नहीं।
मस्तक न 'लेवेंडर' बिना अब मस्त होता है अहो!
बस शौक पूरा हो हमारा देश उजड़ क्यों न हो! ॥87॥

सब स्वाभिमान डुबो चुके जो पूर्व-पारावार में—
आश्चर्य है हम आज भी हैं जी रहे संसार में!
किंवा इसे जीना कहें तो फिर उन्हें मरना किसे?
जीता कहाँ है वह, नहीं है ध्यान कुछ अपना जिसे! ॥88॥

आतीं विदेशों से यहाँ सब वस्तुएँ व्यवहार की,
धन-धान्य जाता है यहाँ से, यह दशा व्यापार की।
कैसे न फैले दीनता, कैसे न हम भूखों मरें;
ऐसी दशा में देश की भगवान ही रक्षा करें ॥89॥

जिस वस्तु को हम दूसरों को बेचते हैं 'एक' में,
लेते उसी को 'बीस' में हैं डूबकर अविवेक में,
जो देश कच्चा माल ही उत्पन्न करके शान्त है,
उसका पतन एकान्त है, सिद्धान्त यह निर्भ्रान्त है ॥90॥

रालीब्रदर इत्यादि को हम बेचते जो माल हैं,
लेते वही पन्द्रह गुने तक मूल्य में तत्काल हैं!
आता विलायत से यहाँ वह माल नाना रूप में,
आश्चर्य क्या फिर हम पड़े हैं जो अँधेरे कूप में ॥91॥

हम दूसरों को पाँच सौ की बेचते हैं जब रुई,
सानन्द कहते हैं कि हमको आय क्या अच्छी हुई।
पर, दूसरे कहते कि ठहरो, वस्त्र जब हम लायँगे—
तब और पैंतालीस सौ लेकर तुम्हीं से जायँगे! ॥92॥

हा! आप आगे दौड़कर हम दीनता को ले रहे,
लेकर खिलौने, काँच आदिक अन्न-धन हैं दे रहे।
आवश्यकीय पदार्थ अपने यदि बनाते हम यहीं,
तो हानि होकर यों हमारी दुर्दशा होती नहीं ॥93॥

लेकर विदेशी टीन हम सानन्द चाँदी दे रहे,
देकर तथा सोना निरन्तर हैं गिलट हम ले रहे।
हम काँच लेकर दूसरों को दे रहे हीरे खरे,
निज रक्त के बदले मदोदक ले रहे हैं, हा हरे! ॥94॥

क्या इस पुरातन देश में था समय ऐसा भी कभी—
अपनी प्रयोजन-पूर्ति जब करते स्वयं थे हम सभी?
हाँ, यह न होता तो कभी का नाश हो जाता यहाँ,
इसका अभी तक चिह्न भी क्या दृष्टि में आता यहाँ? ॥95॥

जो दिव्य दर्शन शास्त्र की विख्यात है जन्मस्थली,
पहले जहाँ पर अंकुरित हो सभ्यता फूली-फली।
संगीत, कविता शिल्प की जननी वही भारत मही,
होगी किसे स्पर्धा कहे जो परमुखापेक्षी रही ॥96॥

इतिहास में इस देश की वाणिज्य-वृद्धि प्रसिद्ध है,
अन्यान्य देशों से वहाँ सम्बन्ध इसका सिद्ध है[1]।
बनकर यहाँ वर वस्तुएँ सर्वत्र ही जाती रहीं,
नर-रचित कहलाती न थीं सुर-रचित[2] कहलाती रहीं ॥97॥

हिन्दू-कला-कौशल पर संसार मुग्ध बना रहा,
जग में बिना संकोच सबने अद्वितीय उसे कहा।
'हारूँरशीद' तथा प्रतापी 'शार्लमेंगन' की सभा,
है हो चुकी विस्मित निरखकर भारतीय-पट-प्रभा[3] ॥98॥

सब वस्तुएँ उपहार के ही योग्य बनती थीं यहाँ,
संसार में होती उन्हीं की माँग थी देखो जहाँ।

---

1. (क) इतिहासों से पता लगता है कि हजार वर्ष पूर्व इस देश का मिस्र के साथ वाणिज्य सम्बन्ध था। इस प्रकार प्रायः पाँच हजार वर्ष पहले इस देश का बेबिलोनिया के साथ भी वाणिज्य सम्बन्ध था।–भारतवर्ष का इतिहास
(ख) प्राचीन समय में इस देश का व्यापार बहुत अच्छी दशा में था। यूरोप के कवियों, लेखकों और प्रवासियों ने इस देश की कारीगरी की, कला-कुशलता और वैभव की बहुत प्रशंसा की है। उस समय इस देश की वस्तुएँ दुनिया के सब भागों में भेजी जाती थीं। और वह अन्य देशों की वस्तुओं से अधिक पसन्द की जाती थीं। अकेले बंगाल-प्रान्त से 15 करोड़ का महीन कपड़ा, हर साल विदेशों को भेजा जाता था। पटना में 330426 स्त्रियाँ, शाहाबाद में 159500 और गोरखपुर में 175600 स्त्रियाँ चरखों पर सूत कातकर 35 लाख रुपये कमाती थीं। इसी प्रकार दीनाजपुर की स्त्रियाँ 9 लाख और पूर्नियाँ जिले की स्त्रियाँ 10 लाख रुपये का सूत कातने का काम करती थीं। सन् 1757 ई. में जब लार्ड क्लाइव मुर्शिदाबाद को गया था तब उसके सम्बन्ध में उसने यह लिखा था कि यह शहर लन्दन के समान विस्तृत आबाद और धनी है; इस शहर के लोग लन्दन से भी बढ़कर मालदार हैं।–निबन्ध-संग्रह, पृ. 70
2. बेन्स साहब ने लिखा है कि ढाके का बना हुआ कपड़ा देखने से मालूम होता है, जैसे देवताओं ने बनाया हो। उसे देखकर यह नहीं मालूम होता कि वह मनुष्य का बनाया हुआ है।
3. प्राचीन समय में यहाँ के शिल्पकारों की वस्तुएँ संसार में सब कहीं बिकती थीं। उनकी कारीगरी की बगदाद में हारूँरशीद के दरबार में कदर होती थी। और उन्होंने प्रतापी शार्लमेंगन और उसके दरबारियों को आश्चर्यचकित किया था। एक अंग्रेजी कवि लिखता है कि वे लोग अपनी आँखें फाड़-फाड़कर, बड़े आश्चर्य से रेशमी और कारचोवी के वस्त्रों तथा रत्नों को देखते थे जो कि पूरब के दूर देश से यूरोप के नवीन बाजारों में आये।–आर.सी. दत्त

तब तो अतुल वैभव रहा, त्रुटि थी न कोई आय में;
सच है कि रमती है रमा वाणिज्य में, व्यवसाय में ॥99॥

हैं आज कश्मीरे विदेशी नाम पर जिनके चले,
बनते दुशाले हाय! थे काश्मीर में कैसे भले!
है विदित बंगाली किनारी धोतियों की आज भी,
पर है विदेशी आज वह, आती न हमको लाज भी[1] ॥100॥

ढाके, चँदेरी आदि की कारीगरी अब है कहाँ?
हा! आज हिन्दू-नारियों की कुशलता सब है कहाँ?
थी वह कला या क्या, कि ऐसी सूक्ष्म थी, अनमोल थी,
सौ हाथ लम्बे सूत की बस आध रत्ती तोल[2] थी ॥101॥

रक्खा नली में बाँस की जो थान कपड़े का नया[3],
आश्चर्य! अम्बारी सहित हाथी उसी से ढँक गया।
वे वस्त्र कितने सूक्ष्म थे, कर लो कई जिनकी तहें—
शहजादियों के अंक फिर भी झलकते जिनमें रहे! ॥102॥

---

1. विलायती जुलाहों ने कपड़ों की किनारी बुनना खासकर बंगाल के जुलाहों से सीखा था। पहले पहल इस देश में जब विलायती कपड़े आये थे, उनकी किनारियाँ ऐसी वाहियात होती थीं कि आजकल के लोग उन कपड़ों को बरतने की इच्छा कभी न करते। क्रमशः जब विलायती कपड़ों की किनारियाँ देशी कपड़ों की भाँति होने लगीं, तब इस देश के बहुतेरे लोगों ने आश्चर्य मानकर कहा था कि इन कपड़ों का विलायती समझना कठिन जान पड़ता है। ये तो ठीक देशी कपड़ों की भाँति बन गये हैं।
2. पहले दिल्ली दरबार में ढाके से कुछ सूत भेजा गया था। उस 150 हाथ लम्बे सूत का वजन सिर्फ 1 रत्ती था। पर ढाका जिले के मुनारगाँव में 175 हाथ लम्बे सूत का वजन 1 रत्ती पाया गया था। ढाका के रेजीडेंट साहब ने 1846 ई. में एक किताब लिखी थी। उसमें लिखा है कि एक बार सिर्फ आध सेर रुई में 250 मील लम्बा सूत तैयार किया गया था।
3. (क) एक कारीगर ने अकबर बादशाह को एक मलमल का थान, बाँस की एक छोटी-सी नली में रखकर नजर किया था। वह थान इतना लम्बा-चौड़ा था कि उससे अम्बारी सहित हाथी ढक जाता था।

   (ख) ढाके में जो खास मलमल बनती थी, उसका थान कोई 10 गज लम्बा और एक हाथ चौड़ा होता था। इस 10 गज वाले थान का वजन होता था सिर्फ 8 तोला 4॥ माशे! सुनते हैं इसका लिपटा हुआ एक थान अँगूठी के सुराग में से

थे मुग्ध वस्त्रों पर हमारे अन्य देशी सर्वथा,
यूरोप के ही साहबों की हम सुनाते हैं कथा।
वे लोग वस्त्रों को यहाँ के थे सदैव सराहते,
निज देश के पट मुफ्त में भी थे न लेना चाहते[1] ॥103॥

जिस भाँति भारतवर्ष का व्यापार नष्ट किया गया,
कर से तथा प्रतिरोध से जिस भाँति भ्रष्ट किया गया।
वर्णन वृथा है उस विषय का, सोचना अब है यही—
किस भाँति उसकी वृद्धि हो, जैसी कि पहली थी रही ॥104॥

यदि हम विदेशी माल से मुँह मोड़ सकते हैं नहीं—
तो हाय! उसका मोह भी क्या छोड़ सकते हैं नहीं?
क्या बन्धुओं के हित तनिक भी त्याग कर सकते नहीं?
निज देश पर क्या अल्प भी अनुराग कर सकते नहीं? ॥105॥

आर-पार हो जाता था।

(ग) एक दफे औरंगजेब की लड़की ने ढाके के मसलिन (यह कपड़ा मलमल और तंजेब से भी बढ़िया और हलका होता था) का कोई वस्त्र बनवाकर पहना। पर जब उसके बाप ने उसे देखा तब वह उस पर नाराज हुआ। बात यह थी कि उस वस्त्र से उसके सारे अंग दिखलाई देते थे। बाप को नाराज होते देख लड़की ने कहा—कई तह करके तो मैंने इसे पहना है, इस पर भी यदि इसका बारीकपन दूर न हो तो मेरा क्या कुसूर?

(घ) वस्त्रों की सूक्ष्मता का वर्णन करते हुए, महाकवि माघ ने 'शिशुपाल वध' में एक जगह लिखा है—

'छन्नेष्वपि स्पष्टतरेषु यत्र स्वच्छानि, नारीकुचमण्डलेषु,
आकासाम्यं दधुरम्बराणि न नामतः केवलमर्थतोपि ॥'

1. हिन्दुस्तानी माल विलायती माल की अपेक्षा कई गुना अच्छा होता है। एक हिन्दुस्तानी शाल को हम सात वर्ष से काम में ला रहे हैं, किन्तु इतने दिनों तक उपयोग में लाने पर भी उसमें कोई विशेष परिवर्तन नहीं हुआ। सच बात यह है कि यूरोपियन शाल मुफ्त में मिलने पर भी हम उसका व्यवहार नहीं करना चाहते।—सर टामस मनरो

रईस

है हीन, पर क्या देश की ऐसी अवस्था भी नहीं–
आवश्यकीय पदार्थ जो बनने लगें क्रम से यहीं?
कल-कारखाने खोल दें ऐसे धनी भी हैं हमी,
पर कौन झगड़े में पड़े, हमको भला है क्या कमी ॥106॥

तुम मर रहे हो तो मरो, तुमसे हमें क्या काम है?
हमको किसी की क्या पड़ी है, नाम है, धन-धाम है।
तुम कौन हो, जिनके लिए हमको यहाँ अवकाश हो;
सुख भोगते हैं हम, हमें क्या जो किसी का नाश हो ॥107॥

राजा-रईसों की यहाँ है आज ऐसी ही दशा,
अन्धा बना देता अहो! करके वधिर मद का नशा।
बस भोग और विलास ही उनके निकट सब सार है,
संसार में है और जो कुछ वह भयंकर भार है ॥108॥

दो पैर जो पैदल चले जाना अमीर नहीं गिना,
होती न सैर प्रदर्शिनी की भी वहाँ वाहन बिना।
इंग्लैण्ड का युवराज तो सीखे कुली का काम भी,
पर काम क्या, आता नहीं लिखना यहाँ निज नाम भी ॥109॥

"हो आध सेर कवाब मुझको, एक सेर शराब हो,
है सल्तनतनूरे जहाँ की, खूब हो कि खराब हो।"
कहना मुगल-सम्राट[1] का यह ठीक है अब भी यहाँ,
राजा रईसों को प्रजा की है भला परवा कहाँ? ॥110॥

जातीयता क्या वस्तु है निज देश कहते हैं किसे;
क्या अर्थ आत्म-त्याग का, वे जानते हैं क्या इसे?
सुख दुःख जो कुछ है यहीं है, धर्म्म-कर्म्म अलीक है;
खाओ-पिओ, मौजें करो, खेलो-हँसो सो ठीक है ॥111॥

1. जहाँगीर।

क्या सीखकर लिखना उन्हें, बनना मुहर्रिर है कहीं,
पण्डित पढ़ें, पढ़कर कहीं उनको कथा कहनी नहीं।
कीड़ों-मकोड़ों की तरह हैं काटते अक्षर उन्हें,
है प्रेम उपवर के सदृश अपनी अविद्या पर उन्हें ॥112॥

हैं शत्रु यद्यपि सिद्ध वे श्रीमान् विद्या के सदा,
पर कौन गुण उनमें नहीं जिनके यहाँ है सम्पदा।
हा सम्पदे! सत्ता तुम्हारी है चराचर-गामिनी,
संसार में सारे गुणों की बस तुम्हीं हो स्वामिनी ॥113॥

ऐसा नहीं कि रईस अपने हैं नहीं कुछ जानते,
वे कुछ न जानें किन्तु ये दो तत्त्व हैं पहचानते—
त्रुटि कौन-सी उनकी सभा में है सजावट की पड़ी,
है 'जानकीबाई' कि 'गोहरजान' गाने में बड़ी ॥114॥

दुर्विध प्रजा का द्रव्य हरकर फूँकते हैं व्यर्थ वे,
सत्कार्य करने के लिए हैं सर्वथा असमर्थ वे।
चाहें अपव्यय में उड़ें लाखों करोड़ों भी अभी,
पर देश-हित में वे न देंगे एक कौड़ी भी कभी ॥115॥

दुर्भिक्ष आदिक दुःख से यदि देश जाता है मरा,
तो हैं प्रसन्न कि धाम उनका अन्न-धन से है भरा।
दुर्भाग्य से यदि देश-भाई आपदा में फँस रहे—
तो नाच-मुजरे में विराजे आप सुख से हँस रहे ॥116॥

उनकी सभा 'इन्दर-सभा' है, इन्द्र उनको लेख लो,
वह पूर्ण परियों का अखाड़ा भाग्य हो तो देख लो।
विख्यात बोतल की दवा क्या है अमृत से कम कभी,
लेखक अधम कैसे लिखे उस स्वर्ग का वर्णन अभी ॥117॥

मन हाथ में उनका नहीं, वे इन्द्रियों के दास हैं,
कल-कण्ठियाँ गुंजारती उनके अतुल आवास हैं।
वे नेत्र बाणों से बिंधे हैं बाल-ब्यालों से डसे,
कैसे बचेंगे वे, विषय के बन्धनों से हैं कसे ॥118॥

हाँ, नाच, भोग-विलास-हित उनका भरा भण्डार है,
धिक् धिक् पुकार मृदंग भी देता उन्हें धिक्कार है।
वे जागते हैं रात भर, दिन भर पड़े सोवें न क्यों?
है काम से ही काम उनको, दूसरे रोवें न क्यों ॥119॥

बस भाँड़, भँडुवे, मसखरे उनकी सभा के रत्न हैं,
करते रिझाने को उन्हें अच्छे-बुरे सब यत्न हैं।
धारा वचन की, कौन जो उनके सुखार्थ न बह उठे?
हैं कौन उनकी बान पर, जो 'हाँ हुजूर' न कह उठे? ॥120॥

देशी नरेशों को जरा भी ध्यान होता देश का,
होते न विषयाधीन यदि वे त्याग कर उद्देश का,
तो दूसरा ही दृश्य होता आज भारतवर्ष का,
दिन देखना पड़ता हमें क्यों आज यह अपकर्ष का? ॥121॥

है अन्य धनियों की दशा भी ठीक ऐसी ही यहाँ,
देखें दशा जो देश की अवकाश है उनको कहाँ?
रक्खें मितव्यय तो बड़ों में व्यर्थ उनका नाम है,
है इत्र मिल सकता जहाँ तक तेल का क्या काम है ॥122॥

रईसों के सपूत

जब याद आती हैं बड़ों के उन सपूतों की कथा,
उनके सखा, संगी, विदूषक और दूतों की कथा।
तब निकल पड़ते हैं हृदय से वचन ऐसे दुख भरे—
होंवे न ऐसे पुत्र चाहे हो कुल-क्षय हे हरे! ॥123॥

यों तो सभी का बीतता है बाल्यकाल विनोद में,
वे किन्तु सोते-जागते रहते सदा हैं गोद में।
इस भाँति पल कर प्यार में जब वे सपूत बड़े हुए,
उत्पात उनके साथ ही घर में अनेक खड़े हुए ॥124॥

श्रीमान् शिक्षा दें उन्हें तो श्रीमती कहती वहीं—
"घेरो न लल्ला को हमारे, नौकरी करनी नहीं।"
शिक्षे! तुम्हारा नाश हो, तुम नौकरी के हित बनी,
लो मूर्खते! जीती रहो, रक्षक तुम्हारे हैं धनी ॥125॥

तीतर, लबे, मेंढ़े, पतंगे वे लड़ाते हैं कभी,
वे दूसरे के व्यर्थ झगड़े मोल लाते हैं कभी।
दस बीस, उनके दुर्व्यसन हों तो गिने भी जा सकें,
पथ या विपथ है कौन ऐसा वे न जिस पर आ सकें ॥126॥

निकले कि फिर दस पाँच चिड़ियाँ मार लाना है उन्हें,
बन्दूक ले, वन-जन्तुओं पर बल दिखाना है उन्हें।
घातक! तुम्हारी तो सहज ही शाम की यह सैर है,
पर उन अभागों से कहो, किस जन्म का, क्या बैर है? ॥127॥

आया जहाँ यौवन उन्हें बस भूत मानो चढ़ गया,
जीवन सफल करणार्थ अब उनमें अपव्यय बढ़ गया।
सौन्दर्य्य के शशि-लोक में सब ओर उनके चर उड़े,
गुण्डे 'पसीने की जगह लोहू' बहाने को जुड़े ॥128॥

संगीत के मर्मज्ञ उनसे आज वे ही दीखते,
हैं आप भी उनमें बहुत गाना-बजाना सीखते।
यदि रण्डियों के साथ वे ठेका लगाते हैं कभी—
तो क्या हुआ? अपनी प्रिया पर प्रेम रखते हैं सभी ॥129॥

रहती उन्हीं के ठाठ की है धूम मेलों में सदा,
आगे मिलेंगे वे थियेटर और खेलों में सदा।
वे नाच-मुजरे और जल्से हैं उन्हीं से लग रहे,
हैं यार लोगों के उन्हीं से भाग्य जग में जग रहे ॥130॥

यों कुछ दिनों घर फूँक कौतुक देखकर नंगे हुए,
फिर क्या हुआ? 'सरकार' थे जो दीन भिखमंगे हुए।
हँसने लगा संसार उनको यार छोड़ गये सभी,
लुच्चे-लफंगे भी किसी के मीत होते हैं कभी? ॥131॥

आशा भविष्यत् की हमारी क्या इन्हीं पर लग रही?
क्या पुन्नरक से अन्त में हमको उबारेंगे यही?
बेड़ा इन्हीं से पार होगा क्या स्वदेश समाज का?
होगा सुदृढ़ फिर राज्य किसके हाथ से कलिराज का? ॥132॥

अविद्या

ये सब अ-शिक्षा के कुफल हैं, वास है जिसका यहाँ,
अध्यात्म-विद्या का भवन हा! आज वह भारत कहाँ?
धिक्कार है हम खो चुके हैं आज अपना ज्ञान भी;
खोकर सभी कुछ अन्त में खोया महाधन मान भी ॥133॥

हा! सैकड़े पीछे यहाँ दस भी सुशिक्षित जन नहीं,
हाँ, चाह कुलियों की कहीं हो तो मिलेंगे सब कहीं।
हतभाग्य भारत! जो कभी गुरु-भाव से पूजित रही—
करती भुवन में भृत्यता सन्तान अब तेरी वही ॥134॥

छाई अविद्या की निशा है, हम निशाचर बन रहे;
हा! आज ज्ञानाभाव से बीभत्स रस में सन रहे।
हे राम! इस ऋषि-भूमि का उद्धार क्या होगा नहीं?
हम पर कृपा कर आपका अवतार क्या होगा नहीं? ॥135॥

विद्या बिना अब देख लो, हम दुर्गुणों के दास हैं;
हैं तो मनुज, हम किन्तु रहते दनुजता के पास हैं।
दायें तथा बायें सदा सहचर हमारे चार हैं—
अविचार, अन्धाचार, हैं व्यभिचार, अत्याचार हैं ॥136॥

हा! गाढ़तर तमसावरण से आज हम आच्छन्न हैं,
ऐसे विपन्न हुए कि अब अब सब भाँति मरणासन्न हैं।
हम ठोकरें खाते हुए भी होश में आते नहीं,
जड़ हो गये ऐसे कि कुछ भी जोश में आते नहीं ॥137॥

शिक्षा की अवस्था

हा! आज शिक्षा-मार्ग भी संकीर्ण होकर क्लिष्ट है,
कुलपति-सहित उन गुरुकुलों का ध्यान ही अवशिष्ट है।
बिकने लगी विद्या यहाँ अब, शक्ति हो तो क्रय करो,
यदि शुल्क* आदि न दे सको तो मूर्ख रहकर ही मरो ॥138॥

ऐसी असुविधा में कहो वे दीन कैसे पढ़ सकें?
इस ओर वे लाखों अकिंचन किस तरह से बढ़ सकें?
अधपेट रहकर काटते हैं मास के दिन तीस वे,
पावें कहाँ से पुस्तकें, लावें कहाँ से फीस वे? ॥139॥

वह आधुनिक शिक्षा किसी विध प्राप्त भी कुछ कर सको—
तो लाभ क्या, बस क्लर्क बनकर पेट अपना भर सको।
लिखते रहो जो सिर झुका, सुन अफसरों की गालियाँ,
तो दे सकेगी रात को दो रोटियाँ घरवालियाँ ॥140॥

अब नौकरी ही के लिए विद्या पढ़ी जाती यहाँ,
बी.ए. न हों हम तो भला डिप्टीगिरी रक्खी कहाँ।
किस स्वर्ग का सोपान है तू हाय री, डिप्टीगिरी!
सीमा समुन्नति की हमारी चित्त में तू ही भरी ॥141॥

शिक्षार्थ छात्र विदेश भी जाते अवश्य कभी कभी,
पर वक्तृता ही झाड़ते हैं लौटकर प्रायः सभी।
है काम कितनों का यही पहले यहाँ मिस्टर बने,
इंग्लैण्ड जाकर फिर वहाँ वाग्वीर बारिस्टर बने ॥142॥

वे वीर हाय! स्वदेश का करते यही उपकार हैं,
दो भाइयों के युद्ध में होते वही आधार हैं।
उनके भरोसे पर यहाँ अभियोग चलते हैं बड़े,
हारें कि जीतें आप, उनके किन्तु पौबारह पड़े ॥143॥

जाकर विदेश अनेक अब तक युवक अपने आ चुके,
पर देश के वाणिज्य-हित की ओर कितने हैं झुके?

* फीस।

हैं कारखाने कौन से उनके प्रयत्नों से चले?
क्या-क्या सु-फल निज देश में उनसे अभी तक हैं फले? ॥144॥

अमरीकनों के पात्र जूठे साफ कर पण्डित हुए,
सच्चे स्वदेशी मान से फिर भी नहीं मण्डित हुए।
दृष्टान्त बनते हैं अधिक वे इस कहावत के लिए–
"बारह बरस दिल्ली रहे पर भाड़ ही झोंका किये!" ॥145॥

दासत्व के परिणाम वाली आज है शिक्षा यहाँ,
हैं मुख्य दो ही जीविकाएँ भृत्यता-भिक्षा यहाँ!
या तो कहीं बनकर मुहर्रिर पेट का पालन करो,
या मिल सके तो भीख माँगो, अन्यथा भूखों मरो ॥146॥

बिगड़े हमारे अब सभी स्वाधीन वे व्यवसाय हैं,
भिक्षा तथा बस भृत्यता ही आज शेष उपाय हैं।
पर हाय! दुर्लभ हो रही है प्राप्ति इनकी भी यहाँ,
यह कौन जाने इस पतन का अन्त अब होगा कहाँ ॥147॥

वह साम्प्रतिक शिक्षा हमारे सर्वथा प्रतिकूल है,
हममें, हमारे देश के प्रति, द्वेष-मति की मूल है।
हममें विदेशी भाव भर के वह भुलाती है हमें,
सब स्वास्थ्य का संहार करके वह रुलाती है हमें ॥148॥

होती नहीं उससे हमें निज धर्म में अनुरक्ति है,
होने न देती पूर्वजों पर वह हमारी भक्ति है।
उसमें विदेशी मान का ही मोहपूर्ण महत्त्व है,
फल अन्त में उसका वही दासत्व है, दासत्व है ॥149॥

हम मूर्ख और असभ्य थे, उससे विदित होता यही,
इस मर्म को कि हमीं जगद्गुरु थे, छिपाती है वही।
'फ्री थाट'[1] ही वह वेद के बदले रटाती है हमें,
देखो, हटा कर असलियत से वह घटाती है हमें ॥150॥

---

1. विचारों की निरंकुशता, यद्धा तद्धा कहना।

क्या लाभ है उन हिस्ट्रियों को कण्ठ करने से भला—
रटते हुए जिनको हमारा बैठ जाता है गला?
हा! स्वेद बनकर व्यर्थ ही बहता हमारा रक्त है,
सन् संवतों के फेर में बरबाद होता वक्त है ॥151॥

दुर्भाग्य से अब एक वह तो ब्रह्मचर्याश्रम नहीं,
तिस पर परिश्रम व्यर्थ यह पड़ता हमें कुछ कम नहीं।
फिर शीघ्र ही चश्मा हमारे चक्षु चाहें क्यों नहीं?
हम रुग्ण होकर आमरण दुख से कराहें क्यों नहीं? ॥152॥

है व्यर्थ वह शिक्षा कि जिससे देश की उन्नति न हो,
जापान के विद्यार्थियों की सूक्ति है कैसी अहो!—
"साहब! हमें यूरोपियन हिस्ट्री न अब दिखलाइए,
बेलून की रचना हमें करके कृपा सिखलाइए" ॥153॥

करके सु-शिक्षा की उपेक्षा यों पतित हम हो रहे,
हो प्राप्त पशुता को स्वयं मनुजत्व अपना खो रहे।
आहार-निद्रा आदि में नर और पशु क्या सम नहीं?
है ज्ञान का बस भेद सो भूले उसे क्या हम नहीं? ॥154॥

धर्मोपदेशक विश्व में जाते जहाँ से थे सदा,
शिक्षार्थ आते थे जहाँ संसार के जन सर्वदा।
अज्ञान के अनुचर वहाँ अब फिर रहे फूले हुए,
हम आज अपने आपको भी हैं स्वयं भूले हुए ॥155॥

अपमान हाय! सरस्वती का कर रहे हम लोग हैं,
पर साथ ही इस धृष्टता का पा रहे फल-भोग हैं!
निज देवता के कोप में कल्याण किसका है भला?
हम मोह-मुग्ध फँसा रहे हैं आप ही अपना गला ॥156॥

साहित्य

उस साम्प्रतिक साहित्य पर भी ध्यान देना चाहिए,
उसकी अवस्था भी हमें कुछ जान लेना चाहिए।
मृत हो कि जीवित जाति का साहित्य जीवन चित्र है,
वह भ्रष्ट है तो सिद्ध फिर वह जाति भी अपवित्र है ॥157॥

जिस जाति का साहित्य था स्वर्गीय भावों से भरा,
करने लगा अब बस विषय के विष-विटप को वह हरा।
श्रुति, शास्त्र, सूत्र, पुराण, रामायण, महाभारत हटे,
वे नायिका भेदादि उनके स्थान में हैं आ डटे ॥158॥

हम तो हुए ही पतित पर दुर्भाव जो भरते गये—
सुकुमार भावी-सृष्टि को भी वे पतित करते गये।
हा! उच्च भावों को वही क्रम आज भी है खो रहा,
अश्लील ग्रन्थों से हमारा शील चौपट हो रहा ॥159॥

अब सिद्ध हिन्दी ही यहाँ की राष्ट्र-भाषा हो रही,
पर है वही सबसे अधिक साहित्य के हित रो रही।
रीते पड़े अब तक अहो! उसके अखिल भाण्डार हैं,
तुलसी तथा सूरादि के कुछ रत्न ही आधार हैं ॥160॥

कविता

उद्देश कविता का प्रमुख शृंगार रस ही हो गया,
उन्मत्त होकर मन हमारा अब उसी में खो गया।
कवि-कर्म्म कामुकता बढ़ाना रह गया देखो जहाँ,
वह वीर रस भी स्मर-समर में हो गया परिणत यहाँ ॥161॥

सोचो, हमारे अर्थ है यह बात कैसे शोक की—
श्रीकृष्ण की हम आड़ लेकर हानि करते लोक की।
भगवान को साक्षी बनाकर यह अनंगोपासना,
हैं धन्य ऐसे कविवरों को, धन्य उनकी वासना ॥162॥

उपन्यास

है और औपन्यासिकों का एक नूतन दल यहाँ,
फैला रहा है जो निरन्तर और ही हलचल यहाँ।
दौरात्म्य ही अब लोक-रुचि पर हो रहा है सब कहीं,
हा! स्वार्थ तेरी जय, अरे तू क्या करा सकता नहीं? ॥163॥

वे रुचिविघातक ग्रन्थ ज्यों ही सैर करने को छुए,
स्वीया हुई कुलटा बहुत, अनुकूल बहुधा, शठ हुए!
ये भाव हम गिरते हुओं पर और पत्थर-से गिरे,
दबकर हृदय जिनसे हमारे हो गये जर्जर निरे ॥164॥

जो उपन्यास यहाँ 'सु-शिक्षा-प्रद' कहाकर बिक रहे–
उनमें अधिक अविचार की ही नींव पर हैं टिक रहे।
उनके कु-पात्रों में नरक की आग ऐसी जागती–
अपनी सु-रुचि भी पाठकों की दूर जिससे भागती ॥165॥

साद्यन्त उनमें असम्भवता घन-घटा-सी छा रही,
दुर्भाव की दुर्गन्धि उनसे अन्त तक है आ रही।
आयी कहानी भी न कहनी और हम इतना बके,
'जीवन-प्रभात' न 'चन्द्रशेखर' एक भी हम लिख सके ॥166॥

लिक्खाड़ ऐसे ही यहाँ साहित्य-रत्न कहा रहे,
वे वीर वैतरणी नदी का हैं प्रवाह बहा रहे।
वे हैं नरक के दूत किंवा सूत हैं कलिराज के!
वे मित्ररूपी शत्रु ही हैं देश और समाज के ॥167॥

क्या मुँह दिखावेंगे भला परलोक में वे ही कहें?
जो कुछ नहीं आता उन्हें तो मौन ही फिर वे रहें।
पर मौन वे कैसे रहें, निरुपाय क्या भूखों मरें,
मर जाय क्यों न समाज सारा, पाकटें उनकी भरें ॥168॥

पत्र

हैं पत्र भी प्रायः परस्पर द्वेष भाव न छोड़ते,
दलबन्दियाँ करते हुए जी के फफोले फोड़ते।

बीड़ा लिये जो देश-हित का पथ हमें दिखला रहे—
हट, पक्षपात तथा हमें कुत्सा वही सिखला रहे ॥169॥

संगीत

है पण्डितों की राय यह—"संगीत भी साहित्य है",
श्रुति-मार्ग से मन को सुधा-रस वह पिलाता नित्य है।
विष किन्तु उसमें भी यहाँ हमने मिलाकर रख दिया,
हतभाग्य घुल-घुलकर मरा जिसने कि यह रस चख लिया ॥170॥

जो मंजु मानस में तरंगें था उठाता भक्ति की—
अब आग भड़काता वही संगीत विषयासक्ति की।
हमने बने को भी बिगाड़ा, याद रखना है इसे,
लो, रम्य रस से विष मिलाना और कहते हैं किसे ॥171॥

संगीत में जब से मदन की मूर्ति अंकित हो गयी—
वह भावुकों की भक्ति-वाणी भी कलंकित हो गयी।
करते प्रकट थे हाय! वे जिससे अनन्योपासना,
बढ़ने लगी देखो, उसी से अब विषय की वासना ॥172॥

गिर जाय कुछ गंगाम्बु भी अस्पृश्य नाली में कभी,
तो फिर उसे अपवित्र ही बतलायँगे निश्चय सभी।
यों भक्ति रस भी सन गया अश्लीलता के नील में,
गुड़ भी बनेगा नमक यदि पड़ जाय साँभर झील में ॥173॥

कविता तथा संगीत ने हमको गिराया और भी,
सच पूछिए तो अब कहीं हमको नहीं है ठौर भी,
हा! जो कलाएँ थीं कभी अत्युच्च भावोद्गारिणी—
विपरीतता देखो कि अब वे हैं अधोगतिकारिणी ॥174॥

सभाएँ

दिन दिन सभाएँ भी भयंकर भेदभाव बढ़ा रहीं,
प्रस्ताव करके ही हमें कर्तव्य-पाठ पढ़ा रहीं।
पारस्परिक रण-रंग से अवकाश उनको है कहाँ?
'मत-भिन्नता' का 'शत्रुता' ही अर्थ कर लीजे यहाँ ॥175॥

चन्दे बिना उनका घड़ी भर काम कुछ चलता नहीं,
पर शोक है! तो भी यहाँ समुचित सु-फल फलता नहीं।
हैं वीर ऐसे भी बहुत जो देश-हित के व्याज से—
अपने लिए हैं प्राप्त करते दान-मान समाज से ॥176॥

उपदेशक

सम्मान्य बनने को यहाँ वक्तृत्व अच्छी युक्ति है,
अगुआ हमारा है वही जिसके गले में उक्ति है।
उपदेशकों में आज कितने लोग ऐसे हैं, कहें—
उपदेश के अनुसार जो वे आप भी चलते रहें ॥177॥

उनकी गल-ध्वनि कर्ण में कठिनता से पैठती,
अन्तःकरण की बात ही अन्तःकरण में बैठती।
कहना तथा करना परस्पर एक-सा जिनका नहीं—
उनके कथन का भी भला कुछ मूल्य होता है कहीं? ॥178॥

है वेष तक उनका विदेशी और यह उपदेश है—
''त्यागो विदेशी वस्तुएँ पहला यही उद्देश है ॥''
लो, पीट दो सब तालियाँ, उपदेश है कैसा खरा,
उपदेशको! पर आप अपनी ओर तो देखो जरा ॥179॥

धर्म की दशा

था धर्म्म-प्राण प्रसिद्ध भारत, बन रहा अब भी वही;
पर प्राण के बदले गले में आज धार्मिकता रही।
धर्म्मोपदेश सभा-भवन की भित्ति में टकरा रहा;
आडम्बरों को देखकर आकाश भी चकरा रहा ॥180॥

बस कागजी घुड़दौड़ में है आज इति कर्त्तव्यता,
भीतर मलिनता हो भले ही किन्तु बाहर भव्यता।
धनवान ही धार्मिक बने, यद्यपि अधर्मासक्त हैं,
हैं लाख में दो चार सु-हृदय शेष बगुला भक्त हैं ॥181॥

अनुकूल जो अपने हुए वे ही यहाँ सद्ग्रन्थ हैं;
जितने पुरुष अब हैं यहाँ उतने समझ लो पन्थ हैं।
यों फूट की जड़ जम गयी, अज्ञान आकर अड़ गया,
हो छिन्न-भिन्न समाज सारा दीन-दुर्बल पड़ गया ॥182॥

श्रुति क्यों न हो, प्रतिकूल हैं जो वही स्थल प्रक्षिप्त हैं,
विक्षिप्त-से हम दम्भ में आपाद-मस्तक लिप्त हैं।
आक्षेप करना दूसरों पर धर्म्मनिष्ठा है यहाँ,
पाखण्डियों ही की अधिकतर अब प्रतिष्ठा है यहाँ ॥183॥

हम आड़ लेकर धर्म्म की अब लीन हैं विद्रोह में,
मत ही हमारा धर्म्म है, हम पड़ रहे हैं मोह में।
है धर्म्म बस निःस्वार्थता ही प्रेम जिसका मूल है,
भूले हुए हैं हम इसे कैसी हमारी भूल है ॥184॥

जिसके लिए संसार अपना सर्वकाल ऋणी रहा,
उस धर्म्म की भी दुर्दशा हमने उठा रक्खी न हा!
जो धर्म्म सुख का हेतु है, भवसिन्धु का जो सेतु है,
देखो, उसे हमने बनाया अब कलह का केतु है ॥185॥

उद्देश है बस एक, यद्यपि पथ अनेक प्रमाण हैं–
रुचि-भिन्नतार्थ किये गये जो ज्ञान से निर्माण हैं।

पर अब पन्थों को ही यहाँ पर धर्म्म हैं हम मानते,
करके परस्पर घोर निन्दा व्यर्थ ही हठ ठानते ॥186॥

प्रभु एक किन्तु असंख्य उसके नाम और चरित्र हैं,
तुम शैव, हम वैष्णव इसी से हा अभाग्य! अमित्र हैं।
तुम ईस को निर्गुण समझते, हम सगुण भी जानते,
हा! अब इसी से हम परस्पर शत्रुता हैं मानते ॥187॥

हिन्दू सनातन धर्म्म के ऐसे पवित्र विधान हैं–
संसार में सबके लिए जो मान्य एक समान हैं।
धृति, शान्ति, शौच, दया, क्षमा, शम, दम, अहिंसा, सत्यता,
पर हाय! इनमें से किसी का आज हममें है पता? ॥188॥

विख्यात हिन्दू-धर्म्म ही सच्चा सनातन धर्म्म है,
वह धर्म्म ही धारण क्रिया का नित्य कर्ता-कर्म्म है।
परमार्थ की–संसार की भी–सिद्धि का वह धाम है,
पर वाद और विवाद में ही आज उसका नाम है ॥189॥

तीर्थ और तीर्थ-पण्डे

आरम्भ से ही जो हमारे मुख्य धर्म्म-क्षेत्र हैं–
अब देखकर उनकी दशा आँसू बहाते नेत्र हैं।
हा! गूढ़ तत्त्वों का पता ऋषि-मुनि लगाते थे जहाँ–
सबसे अधिक अविचार का विस्तार है सम्प्रति वहाँ ॥190॥

वे तीर्थ जो प्रभु की प्रभा से पूर्ण हो पूजित हुए–
राजर्षि-युत ब्रह्मर्षियों के कण्ठ से कूजित हुए।
अब तीर्थ गुरु ही हैं अधिक उनको कलंकित कर रहे,
हा! स्वर्ग के सुस्थान में हम नरक अंकित कर रहे ॥191॥

वे तीर्थ-पण्डे, हैं जिन्होंने स्वर्ग का ठेका लिया,
है निन्द्य कर्म्म न एक ऐसा हो न जो उनका किया।
वे हैं अविद्या के पुरोहित, अविधि के आचार्य्य हैं,

लड़ना-झगड़ना और अड़ना मुख्य उनके कार्य्य हैं ॥192॥

वे आप तो हैं ही पतित, कामी, कु-पथगामी बड़े—
पर पाप के भागी हमें भी हैं बनाने को खड़े।
हम भस्म में घृत के सदृश—देते उन्हें जो दान हैं,
बस वे उसी से दुर्व्यसन के जोड़ते सामान हैं ॥193॥

मन्दिर और महन्त

कैसी भयंकर अब हमारी तीर्थ-यात्रा हो रही,
उन मन्दिरों में ही विकृति की पूर्ण मात्रा हो रही।
अड्डे अखाड़े बन रहे हैं ईश के आवास भी,
आती नहीं है लोक-लज्जा अब हमारे पास भी ॥194॥

हा! पुण्य के भण्डार में हैं भर रहीं अध-राशियाँ,
हैं देव आप महन्त जी ही देवियाँ हैं दासियाँ!
तन, मन तथा धन भक्तजन अर्पण किया करते जहाँ—
वे भण्ड साधु सु-कर्म्म का तर्पण किया करते वहाँ ॥195॥

अब मन्दिरों में रामजनियों के बिना चलता नहीं,
अश्लील गीतों के बिना वह भक्ति-फल फलता नहीं,
वे चीरहरणादिक वहाँ प्रत्यक्ष लीला-जाल हैं,
भक्त स्त्रियाँ हैं गोपियाँ, गोस्वामि ही गोपाल हैं ॥196॥

साधु-सन्त

वे भूरिसंख्यक साधु जिनके पन्थ-भेद अनन्त हैं—
अवधूत, यति, नागा, उदासी, सन्त और महन्त हैं।
हा! वे गृहस्थों से अधिक हैं आज रागी दीखते,
अत्यल्प ही सच्चे विरागी और त्यागी दीखते ॥197॥

जो कामिनी कांचन न छूटा फिर विराग रहा कहाँ?
पर चिह्न तो वैराग्य का अब है जटाओं में यहाँ।
भूखों मरे कि जटा रखाकर साधु कहलाने लगे,
चिमटा लिया, 'भस्मी' रमाई, माँगने खाने लगे ॥198॥

संख्या अनुद्योगी जनों की ही न उनसे बढ़ रही—
शुचि साधुता पर भी कुयश की कालिमा है चढ़ रही।
है भस्म-लेपन से कहीं मन की मलिनता छूटती?
हा! साधु-मर्यादा हमारी अब दिनों दिन टूटती ॥199॥

यदि ये हमारे साधु ही कर्तव्य अपना पालते—
तो देश का बेड़ा कभी का पार ये कर डालते।
पर हाय! इनमें ज्ञान तो बस राम का ही नाम है,
दम की चिलम में लौ उठाना मुख्य इनका काम है ॥200॥

ब्राह्मण

उन अग्रजन्मा ब्राह्मणों की हीनता तो देख लो,
भू-देव थे जो आज उनकी दीनता तो देख लो।
थे ब्रह्म-मूर्ति यथार्थ जो अब मुग्ध जड़ता पर हुए,
जो पीर थे देखो वही, भिश्ती, बवर्ची खर हुए ॥201॥

वह वेद का पढ़ना-पढ़ाना अब न उनमें दीखता,
वह यज्ञ का करना-कराना कौन उनसे सीखता?
बस पेट को ही आज उनमें दान देना रह गया।
है कर्म्म उनमें एक ही अब दान लेना रह गया ॥202॥

कुछ 'शीघ्र-बोध' रटा कि फिर वे गणक-पुंगव बन गये,
पंचांग पकड़ा और बस सर्वज्ञता में सन गये।
संकल्प तक भी शुद्ध वे साद्यन्त कह सकते नहीं,
पर-पाद-पंकज पखरवाये बिना किन्तु रह सकते नहीं ॥203॥

सन्देह है, जप के समय क्या मन्त्र जपते मौन वे,
हैं 'ॐ नमः'—वा 'हा! निमन्त्रण' पाठ करते कौन वे।
निश्चित नहीं दृग बन्द कर वे लीन हैं भगवान में—
या दक्षिणा की मंजु-मुद्रा देखते हैं ध्यान में ॥204॥

जिन ब्राह्मणों ने लोभ को सन्तत तिरस्कृत था किया—
देखो, उन्हीं के वंशजों को आज उसने ग्रस लिया।
अब आप उनकी दक्षिणा पहले नियत कर दीजिए—
फिर निन्द्य से भी निन्द्य उनसे काम करवा लीजिए ॥205॥

आचार उनका आज केवल रह गया 'असनान' में,
जप, तप तथा वह तेज अब है शेष 'बाह्य-विधान' में।
वे भ्रष्ट यद्यपि हो रहे हैं डूबकर अज्ञान में,
जाते मरे हैं किन्तु फिर भी वंश के अभिमान में ॥206॥

था हाय! जिनके पूर्वजों ने धन्य धरणीतल किया,
इस लोक की, परलोक की, प्रश्नावली को हल किया।
सर्वत्र देखो, आज वे कैसे तिरस्कृत हो रहे,
खोकर तपोबल, ज्ञान-धन, जीते हुए मृत हो रहे ॥207॥

क्षत्रिय

है ब्राह्मणों की यह दशा अब क्षत्रियों को लीजिए,
उनके पतन का भी भयंकर चित्र-दर्शन कीजिए।
अविवेक तिमिराच्छन्न अब वे अन्ध जैसे हो रहे,
हा सूर्यवंशी, चन्द्रवंशी वीर कैसे हो रहे? ॥208॥

विश्वेश के बाहुज अतः कर्तृत्व के जो केन्द्र थे,
जो क्षत्र थे निज देश के, मूर्द्धाऽभिषक्त नरेन्द्र थे।
आलस्य में पड़कर वही अब शव-सदृश हैं सो रहे;
कुल, मान, मर्यादा-सहित सर्वस्व अपना खो रहे ॥209॥

वीरत्व हिंसा में रहा जो मूल उनके लक्ष्य का,
कुछ भी विचार उन्हें नहीं है आज भक्ष्याभक्ष्य का!
केवल पतंग विहंगमों में, जलचरों में नाव ही,
बस भोजनार्थ चतुष्पदों में चारपाई बच रही! ॥210॥

जिनसे कभी उपदेश लेने विप्र भी आते रहे,
विख्यात ब्रह्म-ज्ञान का जो मार्ग दिखलाते रहे।
देखो, उन्हीं में पड़ गयी है अब अविद्या की प्रथा,
है स्वप्न आज विदेह, कौशल और काशी की कथा ॥211॥

जो हैं अधीश्वर, बस प्रजा पर कर लगाना जानते,
निर्द्रव्य, डाका डालना भी धर्म्म अपना मानते।
जो स्वामि-सम रक्षक रहे वे आज भक्षक बन रहे,
जो हार थे मन्दार के वे आज तक्षक बन रहे ॥212॥

जो देश के प्रहरी रहे घर फूँकने वाले बने,
जो वीरवर विख्यात थे वे स्त्रैणता में हैं सने।
सुर-कार्य्य-साधक जो रहे अब दुर्व्यसन में लीन हैं,
जो थे सहज स्वाधीन वे ही आज विषयाधीन हैं ॥213॥

छाया बनी थी धीरता सर्वत्र जिनके साथ की,
वे आज कठपुतली बने हैं मत्त मन के हाथ की।
मार्तण्ड थे जो अब वही हिम-खण्ड होकर बह रहे,
वे आप कुछ न कहें भले ही, कर्म्म उनके कह रहे ॥214॥

जो शत्रु के हृत्पट्ट पर लिखते रहे जय शेल-से—
वर वीरता के कार्य्य जिनके पक्ष में थे खेल-से।
रहने लगी, देखो, उन्हीं पर अब चढ़ाई काम की।
नैया डुबोई है उन्होंने पूर्वजों के नाम की ॥215॥

वैश्य

जो ईश के ऊरुज अतः जिन पर स्वदेश-स्थिति रही,
व्यापार, कृषि, गो-रूप में दुहते रहे जो सब मही।
वे वैश्य भी अब पतित होकर नीच पद पाने लगे—
बनिये कहाकर वैश्य से 'बक्काल' कहलाने लगे ॥216॥

वह लिपि[1] कि जिसमें 'सेठ' 'सठ' ही लिखेंगे सब कहीं—
सीखी उन्होंने और उनकी हो चुकी शिक्षा वहीं।
हा! वेद के अधिकारियों में आज ऐसी मूढ़ता,
है शेष उनके 'गुप्त' पद में किन गुणों की गूढ़ता? ॥217॥

कौशल्य उनका अब यहाँ बस तोलने में रह गया,
उद्यम तथा साहस दिवाला खोलने में रह गया।
करने लगे हैं होड़ उनके वचन कच्चे सूत से,
करते दिवाली पर परीक्षा भाग्य की वे द्यूत से! ॥218॥

वाणिज्य या व्यवसाय का होता शऊर उन्हें कहीं—
तो देश का धन यों कभी जाता विदेशों को नहीं।
है अर्थ सट्टा-फाटका उनके निकट व्यापार का,
कुछ पार है देखो भला उनके महा अविचार का? ॥219॥

बस हाय पैसा! हाय पैसा!! कर रहे हैं वे सभी,
पर गुण बिना पैसा भला क्या प्राप्त होता है कभी?
सबसे गये बीते नहीं क्या आज वे हैं दीखते,
वे देख सुनकर भी सभी कुछ क्या कभी कुछ सीखते ॥220॥

बस अब विदेशों से मँगाकर बेचते हैं माल वे,
मानो विदेशी वाणिजों के हैं यहाँ दल्लाल वे!
वेतन सदृश कुछ लाभ पर वे देश का धन खो रहे,
निर्द्रव्य कारीगर यहाँ के हैं उन्हीं को रो रहे ॥221॥

उनका द्विजत्व विनष्ट है, है किन्तु उनको खेद क्या?
संस्कार-हीन जघन्यजों में और उनमें भेद क्या?

---

1. मुड़िया।

उपवीत पहने देख उनको धर्म्म-भाग्य सराहिए,
पर तालियों के बाँधने को रज्जु भी तो चाहिए ॥222॥

चन्दा किसी शुभ कार्य्य में दो चार सौ जो है दिया–
तो यज्ञ मानो विश्वजित ही है उन्होंने कर लिया।
बनवा चुके मन्दिर, कुआँ या धर्म्मशाला जो कहीं,
हा स्वार्थ! तो उनके सदृश सुर भी सुयशभागी नहीं ॥223॥

औदार्य उनका दीखता है एक मात्र विवाह में,
बह जाय चाहे वित्त सारा नाच-रंग प्रवाह में।
वे वृद्ध होकर भी पता रखते विषय की थाह का,
शायद मरे भी जी उठें वे नाम सुनकर ब्याह का ॥224॥

उद्योग-बल से देश का भाण्डार जो भरते रहे–
फिर यज्ञ आदि सुकर्म में जो व्यय उसे करते रहे।
वे आज अपने आप ही अपघात अपना कर रहे,
निज द्रव्य खोकर घोर अघ के घट निरन्तर भर रहे ॥225॥

शूद्र

जब मुख्य-वर्ण द्विजातियों का हाल ऐसा है यहाँ,
तब क्या कहें, उस शूद्र-कुल का हाल कैसा है यहाँ?
देखो जहाँ हा! अब भयंकर तिमिर-पूरित गर्त है,
यह दीन देश अधःपतन का बन गया आनर्त[1] है ॥226॥

स्त्रियां

होगी यहाँ तक कर्कशा क्या लेखनी, तू परवशा–
गृह-देवियों की जो हमारी लिख सके तू दुर्दशा।

1. रंगस्थल।

किस भाँति देखोगे यहाँ, दर्शक! दृगों को मींच लो,
यह दृश्य है क्या देखने का, दृष्टि अपनी खींच लो ॥227॥

अनुकूल आद्याशक्ति की सुखदायिनी जो स्फूर्ति है,
सद्धर्म की जो मूर्ति और पवित्रता की पूर्ति है।
नर-जाति की जननी तथा शुभ शान्ति की स्रोतस्वती!
हा दैव! नारी-जाति की कैसी यहाँ है दुर्गती ॥228॥

होती रहीं गार्गी अनेकों और मैत्रेयी जहाँ,
अब है अविद्या-मूर्ति-सी कुल नारियाँ होती वहाँ।
क्या दोष उनका किन्तु जो उनमें गुणों की है कमी,
हा! क्या करें वे जबकि उनको मूर्ख रखते हैं हमीं ॥229॥

बी.ए. गृहस्वामी विदित हैं किन्तु क्या हैं स्वामिनी?
कैसे कहें, हा! हैं अशिक्षारूपिणी वे भामिनी।
अत्युक्ति क्या, दिन-रात का-सा भेद जो इसको कहें;
दाम्पत्य भाव भला हमारे धाम में कैसे रहें ॥230॥

बहु कुशलता-सूचक कलाएँ जानती थीं जो कभी,
अब कलह-कुशला हैं हमारी गृहिणियाँ प्रायः सभी।
हा! बन रहे हैं गृह हमारे विग्रह-स्थल से यहाँ,
दो नारियाँ भी हैं जहाँ वाग्बाण बरसेंगे वहाँ ॥231॥

रखतीं यही गुण वे कि गन्दे गीत गाना जानतीं,
कुल, शील, लज्जा उस समय कुछ भी नहीं वे मानतीं।
हँसते हुए हम भी अहो! वे गीत सुनते सब कहीं,
रोदन करो हे भाइयो! यह बात हँसने की नहीं ॥232॥

है ध्यान पति से भी अधिक आभूषणों का अब उन्हें;
तब तुष्ट हों तो हों कि मढ़ दो मण्डनों से जब उन्हें।
है यह उचित ही, क्योंकि जब अज्ञान से हैं दूषिता—
क्या फिर भला आभूषणों से भी न हों वे भूषिता? ॥233॥

अत्यल्प भी अपराध पर डण्डे उन्हें हम मारते,
पर हेतु उनकी मूर्खता का सोचते न विचारते।

हैं हाय! दोषी तो स्वयं देते उन्हें हम दण्ड हैं,
आश्चर्य क्या फिर पा रहे जो दुःख आज अखण्ड हैं ॥234॥

ऐसी उपेक्षा नारियों की जब स्वयं हम कर रहे,
अपना किया अपराध उनके शीश पर हैं धर रहे।
भागें न क्यों हमसे भला फिर दूर सारी सिद्धियाँ,
पाती स्त्रियाँ आदर जहाँ रहती वहीं सब ऋद्धियाँ ॥235॥

अब डूबते हैं आप तो अघ के अँधेरे कूप में–
हैं किन्तु रखना चाहते उनको सती के रूप में।
निज दक्षिणांग पुरीष से रखते सदा हम लिप्त हैं,
वामांग में चन्दन चढ़ाना चाहते, विक्षिप्त हैं ॥236॥

क्या कर नहीं सकती भला यदि शिक्षिता हों नारियाँ?
रण-रंग, राज्य, सु-धर्म्म-रक्षा कर चुकीं सुकुमारियाँ।
लक्ष्मी, अहल्या, वायजाबाई, भवानी, पद्मिनी[1]–
ऐसी अनेकों देवियाँ हैं आज जा सकतीं गिनी ॥237॥

सोचो नरों से नारियाँ किस बात में हैं कम हुईं?
मध्यस्थ वे शास्त्रार्थ में हैं भारती[2] के सम हुईं।
हैं धन्य थेरी तुल्य गाथा-कर्तियाँ[3] वे सर्वथा,
कवि हो चुकी हैं विज्जका[4], विजया[5], मधुरवाणी[6] यथा ॥238॥

---

1. ये सब देवियाँ क्रम से झाँसी, इन्दौर, ग्वालियर, नाटौर (बंगाल) और चित्तौर की रानियाँ थीं। इनका विशेष परिचय देने की आवश्यकता नहीं।
2. भारती–मण्डन मिश्र की स्त्री। जिसने भगवान शंकराचार्य्य से शास्त्रार्थ किया था।
3. थेरी गाथा नाम की एक पुस्तक पाली भाषा में है। वह कोई दो ढाई हजार वर्ष की पुरानी है। उसमें 70-80 बौद्ध स्त्रियों की धार्मिक कविताएँ हैं। उसका अनुवाद अँग्रेजी और बंगला में भी हो गया है।
4. विज्जका–नीलोत्पलदलश्यामां विज्जकां मामजानतः।
   वृथैव दण्डिना प्रोक्तं सर्वशुक्ला सरस्वती ॥
5. विजया–सरस्वतीव कर्णाटी विजयांका जयत्यसौ।
   या वैदर्भगिरां वासः कालिदासादनन्तरम् ॥
6. मधुरवाणी–तत्ताद्रग्धटिकार्द्ध निर्मितशतश्लोकी फणिग्रामणी।
   वाणी प्राकृत शास्त्रनैपुणसमुन्मीलद्यशः श्री जुषा ॥
   वीणावादकलाविनोदसमये घृत्वा समस्याशतं।
   सद्यस्संसदिसाधुपूरयति या दत्ता कवीन्द्रैस्तया ॥

निज नारियों के साथ यदि कर्तव्य अपना पालते,
अज्ञान के गढ़े में जो न उनको डालते,
तो आज नर यों मूर्ख होकर पतित क्यों होते यहाँ?
होती जहाँ जैसी स्त्रियाँ वैसे पुरुष होते वहाँ ॥239॥

पाले हुए पशु पक्षियों का ध्यान तो रखते सभी,
पर नारियों की दुर्दशा क्या देखते हैं हम कभी?
हमने स्वयं पशु-वृत्ति का साधन बना डाला उन्हें,
सन्तान-जनने मात्र को वसनान्न दे पाला उन्हें ॥240॥

सन्तान

सन्तान कैसी है हमारी, सो हमी से जान लो,
मुख देखकर ही बुद्धि से मन को स्वयं पहचान लो।
बस बीज के अनुरूप ही अंकुर प्रकट होते सदा,
हम रख सके रक्षित न हा! सन्तान-सी भी सम्पदा! ॥241॥

हैं आप बच्चे बाप जिनके पुष्ट हों वे क्या भला?
आश्चर्य है, अब भी हमारा वंश जाता है चला!
दुर्भाग्य ने दुर्बोध करके है हमें कैसा छला,
हा! रह गयी है शेष अब तो एक ही शशि की कला! ॥242॥

कितना अनिष्ट किया हमारा हाय! बाल्य-विवाह ने,
अन्धा बनाया है हमें उस नातियों की चाह ने!
हा! ग्रस लिया है वीर्य्य-बल को मोहरूपी ग्राह ने,
सारे गुणों को है बहाया इस कुरीति प्रवाह ने ॥243॥

अल्पायु में हम सुतों का ब्याह करते किसलिए?
गार्हस्थ्य का सुख शीघ्र ही पाने लगें वे, इसलिए?
वात्सल्य है या वैर है यह, हाय! कैसा कष्ट है?
परिपुष्टता के पूर्व ही बल-वीर्य्य होता नष्ट है ॥244॥

उस ब्रह्मचर्य्याश्रम-नियम का ध्यान जब से हट गया—
सम्पूर्ण शारीरिक तथा वह मानसिक बल घट गया।
हैं हाय! काहे के पुरुष हम, जब कि पौरुष ही नहीं?
निःशक्त पुतले भी भला पौरुष दिखा सकते कहीं ॥245॥

यदि ब्रह्मचर्य्याश्रम मिटाकर शक्ति को खोते नहीं--
तो आज दिन मृत जातियों में गण्य हम होते नहीं।
करते नवाविष्कार जैसे दूसरे हैं कर रहे—
भरते यशोभाण्डार जैसे दूसरे हैं भर रहे ॥246॥

जो हाल ऐसा ही रहा तो देखना, है क्या अभी,
होंगे यहाँ तक क्षीण हम विस्मय बढ़ावेंगे कभी।
सिद्धान्त अपना उलट देंगे डारविन साहब यहाँ—
हो क्षुद्रकाय अबोध नर बन्दर बनेंगे जब यहाँ ॥247॥

समाज

हिन्दू समाज कुरीतियों का केन्द्र जा सकता कहा,
ध्रुव धर्म-पथ में कु-प्रथा का जाल-सा है बिछ रहा।
सु-विचार के साम्राज्य में कु-विचार की अब क्रान्ति है,
सर्वत्र पद पद पर हमारी प्रकट होती भ्रान्ति है ॥248॥

बेजोड़ विवाह

प्रतिवर्ष विधवा-वृन्द की संख्या निरन्तर बढ़ रही,
रोता कभी आकाश है फटती कभी हिलकर मही।
हा! देख सकता कौन ऐसे दग्धकारी दाह को?
फिर भी नहीं हम छोड़ते हैं बाल्य-वृद्ध विवाह को ॥249॥

अन्ध परम्परा

सब अंग दूषित हो चुके हैं अब समाज-शरीर के,
संसार में कहला रहे हैं हम फकीर लकीर के।

क्या बाप-दादों के समय की रीतियाँ हम तोड़ दें?
वे रुग्ण हों तो क्यों न हम भी स्वस्थ रहना छोड़ दें ॥250॥

वर-कन्या-विक्रय

बिकता कहीं वर है यहाँ, बिकती तथा कन्या कहीं,
क्या अर्थ के आगे हमें अब इष्ट आत्मा भी नहीं?
हा! अर्थ, तेरे अर्थ हम करते अनेक अनर्थ हैं—
धिक्कार, फिर भी तो नहीं सम्पन्न और समर्थ हैं ॥251॥

क्या पाप का धन भी किसी का दूर करता कष्ट है?
उस प्राप्तकर्ता के सहित वह शीघ्र होता नष्ट है।
आश्चर्य क्या है, जो दशा फिर हो हमारी भी वही,
पर लोभ में पड़कर हमारी बुद्धि अब जाती रही ॥252॥

धनोपार्जन

हैं धन कमाने के हमारे और ही साधन यहाँ,
होंगे कमाऊँ और उद्यमशील ऐसे जन कहाँ।
हमको बुराई कुछ नहीं कोई कहे जो ठग हमें,
अत्यन्त हीन-चरित्र अब तो जानता है जग हमें ॥253॥

निज स्वत्व, पर-सम्पत्ति पर कोई जमाता है यहाँ,
कोई शकुनि का अनुकरण कर धन कमाता है यहाँ।
कहने चले फिर लाज क्या, रसने, परन्तु हरे! हरे!
ठग, चोर, वंचक और कितने घूसखोर यहाँ भरे ॥254॥

सच हो कि झूठ, किसी किसी का साक्ष्य पर ही लक्ष्य है,
परलोक में कुछ हो, यहाँ तो लाभ ही प्रत्यक्ष है।
सत्कार जमाता-सदृश आहार में, उपहार में,
सोचो, भला है लाभ ऐसा और किस व्यापार में ॥255॥

करके मिलावट ही, विदेशी खाँड में गुड़ की यथा,
हरते बहुत हैं देश के धन-धर्म्म दोनों सर्वथा।
यों ही स्वदेशी में विदेशी माल बिकता है यहाँ,
होगा कहीं स्वार्थाग्नि में यों सत्य का स्वाहा कहाँ ॥256॥

अब विज्ञ व्यवसायी जनों की ओर भी तो कुछ बढ़ो,
उन चारु चित्र विचित्र वर विज्ञापनों को तो पढ़ो।
मानो वहाँ वैकुण्ठ का ही चमत्कार भरा पड़ा,
हा! वंचना का बाह्य-दर्शन है मनोमोहक बड़ा ॥257॥

कोई सुधा देकर हमें देता अमरता है वहाँ,
दे यन्त्र-मन्त्र अभीष्ट कोई सिद्ध करता है वहाँ!
कुछ लाभ हो कि न हो हमें पर यह अवश्य यथार्थ है—
उन 'सत्यवक्ता' सज्जनों का सिद्ध होता स्वार्थ है ॥258॥

अपकार-कर्ता धूर्त वे उपकारियों के वेश में,
हा! लूटपाट मचा रहे हैं दिन-दहाड़े देश में।
उनके विकृत विज्ञापनों से पूर्ण रहते पत्र हैं,
एजेण्ट जेण्टलमैन बनकर घूमते सर्वत्र हैं ॥259॥

मांगना-खाना

कर-युक्त भी क्या कार्य्य करना चाहते हैं हम कभी?
क्या हम कुलीन कुली बनें, होगा न हमसे श्रम कभी।
है मान रक्खा काम हमने माँगना आराम का,
जीते यहाँ पर हैं बहुत खाकर सदैव हराम का ॥260॥

हम नीच को ऊँचा बनाते भीख के पीछे कभी,
बनते कभी हम आप योगी और सन्तादिक सभी।
कोई गिने, कितने यहाँ पर माँगने के ढंग हैं,
नट-तुल्य पल-पल में बदलते हम अनेकों रंग हैं ॥261॥

दासत्व

दासत्व करना भी हमें आया न अच्छी रीति से,
करते उसे भी हम अधम हैं अब अधर्म्म-अनीति से।
वह स्वामि-कार्य्य बने कि बिगड़े किन्तु अपना काम हो,
इस नीचता की नीचता का अब कहो, क्या नाम हो ॥262॥

हम योग पाकर भी उसे उन्हें उपयोग में लाते नहीं,
सामर्थ्य पाकर भी किसी को लाभ पहुँचाते नहीं।

जैसे बने हम दूसरों की हानि ही करते सदा,
अधिकार पाकर और भी अघ के घड़े भरते सदा ॥263॥

न्यायालयों में भी निरन्तर घूस खाते हैं हमीं,
रक्षक पुलिस को भी यहाँ भक्षक बनाते हैं हमीं।
कर्तृव्य का फल हम प्रजा पर बल दिखाना जानते,
हम दीन-दुखियों के रुदन को गान-सम हैं मानते ॥264॥

अभियोग

हा! हिंस्र पशुओं के सदृश हममें भरी है क्रूरता,
करके कलह अब हम इसी में हैं समझते शूरता।
खोजो हमें यदि जब कि हम घर में न सोते हों पड़े,
होंगे वकीलों के अड़े अथवा अदालत में खड़े ॥265॥

न्यायालयों में नित्य ही सर्वस्व खोते सैकड़ों,
प्रतिवार पग पग पर वहाँ हैं खर्च होते सैकड़ों।
फिर भी नहीं हम चेतते हैं दौड़कर जाते वहीं,
लघु बात भी हम पाँच मिलकर आप निपटाते नहीं ॥266॥

विपथ

देखो जहाँ विपरीत पथ ही हाय! हमने है लिया,
श्रीराम के रहते हुए आदर्श रावण को किया।
हम हैं सुयोधन के अनुग तजकर युधिष्ठिर को अहो!
सोचो भला, तब फिर हमारा पतन दिन दिन क्यों न हो ॥267॥

नशेबाजी

हम मत्त हैं, हम पर चढ़ा कितने नशों का रंग है—
चंडू, चरस, गाँजा, मदक, अहिफेन, मदिरा, भंग है।
सुन लो जरा हममें यहाँ कैसी कहावत है चली—
"पीता न गाँजे की कली उस मर्द से औरत भली!" ॥268॥

क्या मर्द हैं हम बाहवा! मुख-नेत्र पीले पड़ गये;
तनु सूखकर काँटा हुआ, सब अंग ढीले पड़ गये।

मर्दानगी फिर भी हमारी देख लीजे कम नहीं—
ये भिनभिनाती मक्खियाँ क्या मारते हैं हम नहीं ॥269॥

अँगरेज वणिकों ने नशे की लौ लगाई है हमें,
हम दोष देते हैं कि तब यह मौत आयी है हमें!
पर व्यर्थ है यह दोष देना, हैं हमीं दोषी बड़े;
हम लोग कहने से किसी के क्यों कुएँ में गिर पड़े! ॥270॥

जो मस्त होकर 'तत्त्वमसि' का गान करते थे सदा—
स्वच्छन्द ब्रह्मानन्द रस का पान करते थे सदा।
मद्यादि मादक वस्तुओं से मत्त हैं अब हम कही,
करते सदैव प्रलाप हैं, सुध-बुध सभी जाती रही ॥271॥

दो चार आने रोज के भी जो कुली मजदूर हैं—
सन्ध्या-समय वे भी नशे में दीख पड़ते चूर हैं।
मर जायँ चाहे बाल-बच्चे भूख के मारे सभी,
पर छोड़ सकते हैं नहीं उस दुर्व्यसन को वे कभी ॥272॥

शुचिता विदित जिनकी वही हम आज कैसे भ्रष्ट हैं,
किस भाँति दोनों लोक अपने कर रहे हम नष्ट हैं।
हम आर्य्य हैं, पर अब हमारे चरित कैसे गिर गये,
हम दुर्गुणों से घिर गये हैं, सद्गुणों से फिर गये ॥273॥

आत्म-विस्मृति

हम आज क्या से क्या हुए, भूले हुए हैं हम इसे,
है ध्यान अपने मान का हममें बताओ अब किसे।
पूर्वज हमारे कौन थे, हमको नहीं यह ज्ञान भी,
है भार उनके नाम पर दो अंजली जल-दान भी ॥274॥

होकर नितान्त परावलम्बी पशु-सदृश हम जी रहे,
हा! कालकूट सभी परस्पर फूट का हैं पी रहे।
हम देखते-सुनते हुए भी देखते-सुनते नहीं,
पढ़ना सभी है व्यर्थ उनका जो कभी गुनते नहीं ॥275॥

मात्सर्य्य

अब एक हममें दूसरे को देख सकता है नहीं,
वैरी समझना बन्धु को भी, है समझ ऐसी यहीं।
कुत्ते परस्पर देखकर हैं दूर से ही भूकते,
पर दूसरे को एक हम कब कटाने से चूकते? ॥276॥

हों एक माँ के सुत कई व्यवहार सबके भिन्न हों,
सम्भव नहीं यह किन्तु जो सम्बन्ध-बन्धन छिन्न हों।
पर यह असम्भव भी यहाँ प्रत्यक्ष सम्भव हो रहा,
राष्ट्रीय भाव-समूह मानो सर्वदा को सो रहा ॥277॥

अनुदारता

यदि एक अद्‌भुत बात कोई ज्ञात मुझको हो गयी—
तो हाय! मेरे साथ ही संसार से वह खो गयी।
उसको छिपा रक्खूँ न मैं तो कौन पूछेगा मुझे?
कितने प्रयोग-प्रदीप इस अनुदारता से हैं बुझे ॥278॥

गृह-कलह

अब गृह-कलह के अर्थ भारत-भूमि रणचण्डी बनी,
जीवन अशान्त-प्रपूर्ण सबके दीन हो अथवा धनी,
जब यह दशा है गेह की, क्या बात बाहर की कहें?
है कौन सहृदय जन न जिसके अब यहाँ आँसू बहें ॥279॥

उद्दण्ड उग्र अनैक्य ने क्षय कर दिया है क्षेम का;
विद्वेष ने पद हर लिया है आज पावन प्रेम का।
ईर्ष्या हमारे चित्त से क्षण-मात्र भी हटती नहीं,
दो भाइयों में भी परस्पर अब यहाँ पटती नहीं ॥280॥

इस गृह-कलह से ही, कि जिसकी नींव है अविचार की—
निन्दित कदाचित् है प्रथा अब सम्मिलित परिवार की।
पारस्परिक सौहार्द अपना अन्यथा अश्रान्त था,
हाँ 'सु-वसुधैव कुटुम्बकम्' सिद्धान्त यह एकान्त था ॥281॥

व्यभिचार

व्यभिचार ऐसा बढ़ रहा है, देख लो चाहे जहाँ;
जैसा शहर, अनुरूप उसके एक 'चकला' है वहाँ।
जाकर जहाँ हम धर्म्म-धन खोते सदैव सहर्ष हैं,
होते पतित, कंगाल, रोगी, सैकड़ों प्रतिवर्ष हैं ॥282॥

वह कौन धन है, दुर्व्यसन में हम जिसे खोते नहीं?
उत्सव हमारे वार-वधुओं के बिना होते नहीं।
सर्वत्र डोंड़ी पिट रही है अब उन्हीं के नाम की,
मानो अधिष्ठात्री वही हैं अब यहाँ शुभ काम की ॥283॥

था शेष लिखने के लिए क्या इस अभागे को यही?
भगवान! भारतवर्ष की कैसी अधोगति हो रही!
यदि अन्त हो जाता हमारा त्यागते ही शील के,
तो आज टीके तो न लगते आर्य्यकुल को नील के ॥284॥

हा! वे तपोवन ऋषि कहाँ, सन्तान हम उनकी कहाँ?
थी पुण्यभूमि प्रसिद्ध जो हा! आज ऐसा अब वहाँ!
बस दीप से कज्जल सदृश, निज पूर्वजों से हम हुए,
वे लोक में आलोक थे, पर हम निविड़-तर तम हुए ॥285॥

आडम्बर

यद्यपि उड़ा बैठे कमाई बाप-दादों की सभी,
पर ऐंठ वह अपनी भला, हम छोड़ सकते हैं कभी?
भूषण बिकें, ऋण भी बड़े, पर धन्य सब कोई कहे,
होली जले भीतर न क्यों, बाहर दिवाली ही रहे ॥286॥

गुण, ज्ञान, गौरव, मान, धन यद्यपि सभी कुछ खो चुके,
गजमुक्त शून्य कपित्थ-सम निःसार अब हम हो चुके।
पर हैं दबाते दीनता श्वेताम्बरों में भूल से,
सम्भव कभी है अग्नि को भी दाब रखना तूल से ॥287॥

दबती कहीं आडम्बरों से बहुत दिन तक दीनता?
मिलता नहीं फिर कर्ज भी, होती यहाँ तक हीनता।

उद्योग तो हम क्या करेंगे जो अपव्यय कर रहे,
पर हा, हमारे हाथ से हैं दीन दुर्बल मर रहे ॥288॥

अब आय तो है घट गयी पर व्यय हमारा बढ़ गया,
तिस पर विदेशी सभ्यता का भूत हम पर चढ़ गया।
ऋण-भार दिन दिन बढ़ रहा है, दब रहे हैं हम यहाँ,
देना जिन्हें हो, 'कुछ नहीं' भी पास उनके है कहाँ ॥289॥

मतिभ्रंश

निज पूर्वजों का हास्य करना है हमारा खेल-सा,
लगता हृदय में मेल हमको अति भयंकर शेल-सा!
कोई कहे हित की उसे हम शत्रु समझेंगे वहीं,
मधुमय अपथ्य अभीष्ट है, कटु पथ्य हमको प्रिय नहीं ॥290॥

रहते गुणों से तो सदा हम लोग कोसों दूर हैं,
पर लोक में अपनी प्रशंसा चाहते भरपूर हैं।
हम तेल ढुलका कर दिये को हैं जलाना चाहते,
काटे हुए तरु में मनोहर फल फलाना चाहते ॥291॥

गुणों की स्थिति

बस भाग्य की ही भावना में रह गया उद्योग है,
आजीविका है नौकरी में, इन्द्रियों में भोग है।
परतन्त्रता में अभयता, भय राज-दण्ड-विधान में,
व्यवसाय है बैरिस्टरी या डाक्टरी दूकान में ॥292॥

है चाटुकारी में चतुरता, कुशलता छल-छद्म में,
पाण्डित्य पर-निन्दा-विषय में, शूरता है सद्म में।
बस मौन में गम्भीरता है, है बड़प्पन वेश में,
जो बात और कहीं नहीं वह है हमारे देश में ॥293॥

कारीगरी है शेष अब साक्षी बनाने में यहाँ,
है सत्य या विश्वास केवल कसम खाने में यहाँ।
हैं धैर्य्य तर्क-वितर्क में अभियोग में ही तत्त्व है,
अवशिष्ट दारोगागरी में सत्व और महत्त्व है ॥294॥

निज अर्थसाधन में हमारी रह गयी अब भक्ति है,
है कर्म बस दासत्व में, अब स्वर्ण में ही शक्ति है।
गौरव जताने में यहाँ उत्साह का लगता पता,
बस बाद में है वाग्मिता, पर अनुकरण में सभ्यता ॥295॥

निज धर्म के बलिदान ही में आज यज्ञ-विधान है,
है ज्ञान नास्तिक-भाव में, अब नींद में ही ध्यान है।
है योग पावस-वृत्ति में ही, हाय! कैसी व्याधि है,
बस मृत्यु ही में रह गयी अब भारतीय समाधि है ॥296॥

स्वाधीनता निज धर्म्म-बन्धन तोड़ देने में रही,
आस्वाद आमिष में, सुरा में सरसता जाती कही।
संगीत विषयालाप में, पर दुःख में परिहास है,
अश्लील वर्णन मात्र में ही अब कवित्व-निवास है ॥297॥

बहु वर्ण रूप उपाधियों में रह गया अब मान है;
बहुधा अपव्यय में यहाँ अब दीख पड़ता दान है,
बस व्यसन और विवाह में अवशिष्ट अब औदार्य्य है,
हा! दैव, हिन्दू जाति का क्या अन्त अब अनिवार्य्य है? ॥298॥

है शील प्रायः पूर्वजों में, एकता अविधान में,
उपकार-जन्य कृतज्ञता है धन्यवाद प्रदान में।
पोशाक में शुचिता रही, बस क्रोध में ही कान्ति है,
अति दीनता में नम्रता है, स्वप्न में सुख-शान्ति है ॥299॥

दुर्गुण

अब है यहाँ क्या? दम्भ है, दौर्बल्य है दृढ़-द्रोह है,
आलस्य, ईर्ष्या, द्वेष है, मालिन्य है, मद, मोह है।
है और क्या? दुर्बल जनों का सब तरह सिर काटना,
पर साथ ही बलवान का है श्वान सम पग चाटना ॥300॥

अपने लिए यदि दूसरों को दुःख देना धर्म्म हो,
यदि ईश-नियमों का निरादर न्याय से सत्कर्म हो।

निश्चेष्ट होकर बैठने में हो न पुण्यों की कमी—
तो भुक्ति के भागी हमीं हैं, मुक्ति के भागी हमीं ॥301॥

अभाव

कर हैं हमारे किन्तु अब कर्तृत्व हममें है नहीं,
हैं भारतीय परन्तु हम बनते विदेशी सब कहीं।
रखते हृदय हैं किन्तु हम रखते न सहृदयता वहाँ,
हम हैं मनुज पर हाय! अब मनुजत्व हममें है कहाँ ॥302॥

मन में नहीं है बल हमारे, तेज चेष्टा में नहीं,
उद्योग में साहस नहीं, अपमान में न घृणा कहीं।
दासत्व में न यहाँ अरुचि है, प्रेम में प्रियता नहीं;
हो अन्त में आशा कहाँ? कर्त्तव्य में क्रियता नहीं ॥303॥

उत्साह उन्नति का नहीं, है खेद अवनति का नहीं,
है स्वल्प सा भी ध्यान हमको समय की गति का नहीं।
हम भीरुता के भक्त हैं, अति विदित विषयासक्त हैं,
श्रम से सदैव विरक्त हैं, आलस्य में अनुरक्त हैं ॥304॥

विकृति

हिन्दू-समाज सभी गुणों से आज कैसा हीन है,
वह क्षीण और मलीन है, आलस्य में ही लीन है।
परतन्त्र पद पद पर विपद में पड़ रहा वह दीन है,
जीवन-मरण उसका यहाँ अब एक दैवाधीन है ॥305॥

हा! आर्य्य सन्तति आज कैसी अन्ध और असक्त है,
पानी हुआ क्या अब हमारी नाड़ियों का रक्त है?
संसार में हमने किया बस एक ही यह काम है—
निज पूर्वजों का सब तरह हमने डुबोया नाम है ॥306॥

दुःशीलता दासी हमारी, मूर्खता महिषी सदा,
है स्वार्थ सिंहासन हमारा, मोह मन्त्री सर्वदा।
यों पाप-पुर में राज-पद हा! कौन पाना चाहता?
चढ़कर गधे पर कौन जन बैकुण्ठ जाना चाहता ॥307॥

भारत! तुम्हारा आज यह कैसा भयंकर वेष है?
है और अब निःशेष केवल नाम ही अब शेष है!
ब्रह्मत्व, राजन्यत्व युत वैश्यत्व भी सब नष्ट है,
शूद्रत्व और पशुत्व ही अविशिष्ट है, हा! कष्ट है ॥308॥

हा दीनबन्धो! क्या हमारा नाम ही मिट जायगा,
अब फिर कृपा-कण भी न क्या भारत तुम्हारा पायगा?
हा राम! हा! हा कृष्ण! हा! हा नाथ! हा! रक्षा करो;
मनुजत्व दो हमको दयामय! दुःख दुर्बलता हरो ॥309॥

भविष्यत् खण्ड

उद्बोधन

हत भाग्य हिन्दू-जाति! तेरा पूर्व-दर्शन है कहाँ
वह शील, शुद्धाचार, वैभव देख, अब क्या है यहाँ?
क्या जान पड़ती वह कथा अब स्वप्न की-सी है नहीं?
हम हों वहीं, पर पूर्व-दर्शन दृष्टि आते हैं कहीं? ॥1॥

बीती अनेक शताब्दियाँ पर हाय! तू जागी नहीं;
वह कुम्भकर्णी नींद तूने तनिक भी त्यागी नहीं।
देखें कहीं पूर्वज हमारे स्वर्ग से आकर हमें—
आँसू बहावें शोक से इस वेश में पाकर हमें! ॥2॥

अब भी समय है जागने का देख आँखें खोल के,
सब जग जगाता है तुझे, जग कर स्वयं जय बोल के।
निःशक्त यद्यपि हो चुकी है किन्तु तू न मरी अभी,
अब भी पुनर्जीवन-प्रदायक साज हैं सम्मुख सभी ॥3॥

हम कौन थे क्या हो गये हैं, जान लो इसका पता,
जो थे कभी गुरु है न उनमें शिष्य की भी योग्यता।
जो थे सभी से अग्रगामी, आज पीछे भी नहीं,
है दीखती संसार में विपरीतता ऐसी कहीं? ॥4॥

दुर्दैव-पीड़ित जो पुराने चिह्न कुछ कुछ रह गये,
देखो, न जाने भाव कितने व्यक्त करते हैं नये।

हा! क्या कहें आरम्भ ही में रुँध रहा है जब गला,
भगवान्! क्या से क्या हुए हम, कुछ ठिकाना है भला ॥5॥

कुछ काल में ये जीर्ण पहले चिह्न भी मिट जायँगे,
फिर खोजने से भी न हम सब मार्ग अपना पायँगे।
जातीय जीवन-दीप अब भी स्नेह पावेगा नहीं,
तो फिर अँधेरे में हमें कुछ हाथ आवेगा नहीं ॥6॥

अब भी सुधारेंगे न हम दुर्दैव-वश अपनी दशा,
तो नाम शेष हमें करेगा काल ले कर्कश कशा!
बस टिमटिमाता दीख पड़ता आज जीवन-दीप है,
हा दैव! क्या रक्षा न होगी, सर्वनाश समीप है? ॥7॥

निज पूर्वजों का वह अलौकिक सत्य, शील निहार लो,
फिर ध्यान से अपनी दशा भी एक बार विचार लो।
जो आज अपने आपको यों भूल हम जाते नहीं,
तो यों कभी सन्ताप-मूलक शूल हम पाते नहीं ॥8॥

निज पूर्वजों के सद्गुणों को, यतन से मन में धरो,
सब आत्म-परिभव-भाव तज निज रूप का चिन्तन करो।
निज पूर्वजों के सद्गुणों का गर्व जो रखती नहीं,
वह जाति जीवित जातियों में रह नहीं सकती कहीं ॥9॥

किस भाँति जीना चाहिए, किस भाँति मरना चाहिए;
सो सब हमें निज पूर्वजों से याद करना चाहिए।
पद-चिह्न उनके यत्न-पूर्वक खोज लेना चाहिए,
निज पूर्व-गौरव-दीप को बुझने न देना चाहिए ॥10॥

हम हिन्दुओं के सामने आदर्श जैसे प्राप्त हैं—
संसार में किस जाति को, किस ठौर वैसे प्राप्त हैं?
भव-सिन्धु में निज पूर्वजों की रीति से ही हम तरें,
यदि हो सकें वैसे न हम तो अनुकरण तो भी करें ॥11॥

क्या कार्य्य दुष्कर है भला यदि इष्ट हो हमको कहीं,
उस सृष्टिकर्त्ता ईश का ईशत्व क्या हममें नहीं?

यदि हम किसी भी कार्य्य को करते हुए असमर्थ हैं—
तो उस अखिल-कर्त्ता पिता के पुत्र ही हम व्यर्थ हैं ॥12॥

अपनी प्रयोजन-पूर्ति क्या हम आप कर सकते नहीं?
क्या तीस कोटि भविष्य अपना ताप हर सकते नहीं?
क्या हम सभी मानव नहीं किंवा हमारे कर नहीं?
रो भी उठें हम तो बने क्या अन्य रत्नाकर नहीं? ॥13॥

हे भाइयो! सोये बहुत, अब तो उठो, जागो अहो!
देखो जरा अपनी दशा, आलस्य को त्यागो अहो!
कुछ पार है क्या क्या समय के उलट-फेर न हो चुके!
अब भी सजग होंगे न क्या? सर्वस्व तो ही खो चुके ॥14॥

विष-पूर्ण ईर्ष्या-द्वेष पहले शीघ्रता से छोड़ दो,
घर फूँकने वाली फुटैली फूट का सिर फोड़ दो।
मालिन्य से मुँह मोड़कर मद-मोह के पद तोड़ दो,
टूटे हुए वे प्रेम-बन्धन फिर परस्पर जोड़ दो ॥15॥

भागो अलग अविचार से, त्यागो कुसंग कुरीति का;
आगे बढ़ो निर्भीकता से, काम है क्या भीति का—
चिन्ता न विघ्नों की करो, पाणिग्रहण कर नीति का—
सुर-तुल्य अजरामर बनो पीयूष पीकर प्रीति का ॥16॥

संसार की समरस्थली में धीरता धारण करो,
चलते हुए निज इष्ट पथ में संकटों से मत डरो।
जीते हुए भी मृतक-सम रहकर न केवल दिन भरो,
वर वीर बनकर आप अपनी विघ्न-बाधाएँ हरो ॥17॥

है ज्ञात क्या तुमको नहीं, तुम लोग तीस करोड़ हो,
यदि ऐक्य हो तो फिर तुम्हारा कौन जग में जोड़ हो?
उत्साह-जल से सींचकर हित का अखाड़ा गोड़ दो,
गर्दन अमित्र अध पतन की ताल ठोंक मरोड़ दो ॥18॥

बैठे हुए हो व्यर्थ क्यों? आगे बढ़ो, ऊँचे चढ़ो;
है भाग्य की क्या भावना? अब पाठ पौरुष का पढ़ो।

है सामने का ग्रास भी मुख में स्वयं जाता नहीं,
हा! ध्यान उद्यम का तुम्हें तो भी कभी आता नहीं ॥19॥

जो लोग पीछे थे तुम्हारे, बढ़ गये, हैं बढ़ रहे,
पीछे पड़े तुम दैव के सिर दोष अपना मढ़ रहे!
पर कर्म्म तैल बिना कभी विधि-दीप जल सकता नहीं,
है दैव क्या? साँचे बिना कुछ आप ढल सकता नहीं ॥20॥

आओ, मिलें सब देश-बान्धव हार बनकर देश के,
साधक बनें सब प्रेम से सुख-शान्तिमय उद्देश के।
क्या साम्प्रदायिक भेद से है ऐक्य मिट सकता अहो!
बनती नहीं क्या एक माला विविध सुमनों की कहो? ॥21॥

रक्खो परस्पर मेल मन से छोड़कर अविवेकता,
मन का मिलन ही मिलन है, होती उसी से एकता।
तन मात्र के ही मेल से है मन भला मिलता कहीं,
है बाह्य बातों से कभी अन्तःकरण खिलता नहीं ॥22॥

सब वैर और विरोध का बल-बोध से वारण करो,
है भिन्नता में खिन्नता ही, एकता धारण करो।
है एकता ही मुक्ति ईश्वर-जीव के सम्बन्ध में,
वर्णैकता ही अर्थ देती इस निकृष्ट निबन्ध में ॥23॥

है कार्य्य ऐसा कौन-सा साधे न जिसको एकता?
देती नहीं अद्भुत-अलौकिक शक्ति किसको एकता?
दो एक एकादश हुए, किसने नहीं देखे सुने?
हाँ, शून्य के भी योग से हैं अंक होते दस गुने ॥24॥

प्रत्येक जन प्रत्येक जन को बन्धु अपना जान लो,
सुख-दुःख अपने बन्धुओं का आप अपना मान लो।
सब दुःख यों बँटकर घटेगा सौख्य पावेंगे सभी,
हाँ, शोक में भी सान्त्वना के गीत गावेंगे सभी ॥25॥

साहाय्य दे सकते मनुज को मनुज ही, खग-मृग नहीं,
वे भी न दें तो सब मनुजता व्यर्थ है उनकी वहीं।

निज बन्धुओं की ही न हम यदि पा सके प्रियता यहाँ—
तो उस परम प्रभु की कृपा-प्रियता हमें रक्खी कहाँ ॥26॥

अपने सहायक आप हो, होगा सहायक प्रभु तभी,
बस चाहने से ही किसी को सुख नहीं मिलता कभी।
कर, पद, हृदय, दृग, कर्ण तुमको ईश ने सब कुछ दिया,
है कौन ऐसा काम जो तुमसे न जा सकता किया ॥27॥

आने न दो अपने निकट औदास्य मय उत्ताप को,
आत्मावलम्बी हो, न समझो तुच्छ अपने आपको।
है भिन्न परमात्मा तुम्हारे अमर आत्मा से नहीं,
एकत्व वारि-तरंग का भी भंग हो सकता कहीं? ॥28॥

अति धीरता के साथ अपने कार्य्य में तत्पर रहो,
आपत्तियों के वार सारे वीरवर बनकर सहो।
सब विघ्न-भय मिट जायँगे, होगी सफलता अन्त में,
फिर कीर्ति फैलेगी हमारी एक बार दिगन्त में ॥29॥

बढ़कर लता, द्रुम, गुल्म भी हैं फूलते फलते यहाँ,
तो भी समुन्नति-मार्ग में हम लोग हैं चलते कहाँ?
घन घूमकर ही गरजते हैं, बरसते हैं सब कहीं,
हम किन्तु निष्क्रिय हैं तभी तो तरसते हैं सब कहीं ॥30॥

जड़ दीप तो देकर हमें आलोक जलता आप है,
पर एक हममें दूसरे को दे रहा सन्ताप है।
क्या हम जड़ों से भी जगत में हैं गये बीते नहीं?
हे भाइयो! इस भाँति तो तुम थे कभी जीते नहीं ॥31॥

सोचो कि जीने से हमारे लाभ होता है किसे,
है कौन, मरने से हमारे हानि पहुँचेगी जिसे?
होकर न होने के बराबर हो रहे हैं हम यहाँ,
दुर्लभ मनुज-जीवन वृथा ही खो रहे हैं हम यहाँ ॥32॥

हो आप, और सभी जनों को नित्य उत्साहित करो,
उत्पन्न तुम जिसमें हुए, निज देश का कुछ हित करो।

नर-जन्म पाकर लोक में कुछ काम करना चाहिए,
अपना नहीं तो पूर्वजों का नाम करना चाहिए ॥33॥

अनुदारता दर्शक हमारे दूर सब अविवेक हों;
जितने अधिक हों तन भले हैं, मन हमारे एक हों।
आचार में कुछ भेद हो, पर प्रेम हो व्यवहार में,
देखें, हमें फिर कौन सुख मिलता नहीं संसार में? ॥34॥

हमको समय को देखकर ही नित्य चलना चाहिए,
बदले हवा जब जिस तरह हमको बदलना चाहिए।
विपरीत विश्व-प्रवाह के निज नाव जा सकती नहीं,
अब पूर्व की बातें सभी प्रस्ताव पा सकती नहीं ॥35॥

व्यवसाय अपने व्यर्थ हैं अब नव्य यन्त्रों के बिना,
परतन्त्र हैं हम सब कहीं अब भव्य यन्त्रों के बिना।
कल के हलों के सामने अब पूर्व का हल व्यर्थ है,
उस वाष्प-विद्युत वेग-सम्मुख देह का बल व्यर्थ है ॥36॥

है बदलता रहता समय, उसकी सभी घातें नई,
कल काम में आती नहीं हैं आज की बातें कई।
है सिद्धि-मूल यही कि जब जैसा प्रकृति का रंग हो—
तब ठीक वैसा ही हमारी कार्य्य-कृति का ढंग हो ॥37॥

प्राचीन हों कि नवीन छोड़ो रूढ़ियाँ जो हों बुरी,
बनकर विवेकी तुम दिखाओ हंस जैसी चातुरी।
प्राचीन बातें ही भली हैं यह विचार अलीक है;
जैसी अवस्था हो जहाँ वैसी व्यवस्था ठीक है ॥38॥

सर्वत्र एक अपूर्व युग का हो रहा संचार है,
देखो, दिनोंदिन बढ़ रहा विज्ञान का विस्तार है।
अब तो उठो, क्या पड़ रहे हो व्यर्थ सोच-विचार में;
सुख दूर, जीना भी कठिन है श्रम बिना संसार में ॥39॥

पृथ्वी, पवन, नभ, जल, अनल सब लग रहे हैं काम में,
फिर क्यों तुम्हीं खोते समय हो व्यर्थ के विश्राम में?

बीते हजारों वर्ष तुमको नींद में सोते हुए,
बैठे रहोगे और कब तक भाग्य को रोते हुए ॥40॥

इस नींद में क्या क्या हुआ, यह भी तुम्हें कुछ ज्ञात है?
कितनी यहाँ लूटें हुईं, कितना हुआ अपघात है।
होकर न टस से मस रहे तुम एक ही करवट लिए,
निज दुर्दशा के दृश्य सारे स्वप्न-सम देखा किये ॥41॥

इस नींद में ही तो यवन आकर यहाँ आदृत हुए,
जागे न हा! स्वातन्त्र्य खोकर अन्त में तुम धृत हुए।
इस नींद में ही सब तुम्हारे पूर्व गौरव हृत हुए,
अब और कब तक इस तरह सोते रहोगे मृत हुए? ॥42॥

उत्तप्त के ऊष्मा अनन्तर दीख पड़ती बृष्टि है,
बदली न किन्तु दशा तुम्हारी, नित्य शनि की दृष्टि है।
है घूमता फिरता समय तुम किन्तु ज्यों के त्यों पड़े,
फिर भी अभी तक जी रहे हो वीर हो निश्चय बड़े! ॥43॥

पशु और पक्षी आदि भी अपना हिताहित जानते
पर हाय! क्या तुम अब उसे भी हो नहीं पहचानते?
निश्चेष्टता मानो हमारी नष्टता की दृष्टि है,
होती प्रलय के पूर्व जैसे स्तब्ध सारी सृष्टि है ॥44॥

सोचो विचारो, तुम कहाँ हो, समय की गति है कहाँ,
वे दिन तुम्हारे आप ही क्या लौट आवेंगे यहाँ?
ज्यों ज्यों करेंगे देर हम वे और बढ़ते जायँगे,
यदि बढ़ गये वे और तो फिर हम न उनको पायँगे ॥45॥

करके उपेक्षा निज समय को छोड़ बैठे हो तुम्हीं,
दुष्कर्म करके भाग्य को भी फोड़ बैठे हो तुम्हीं।
बैठे रहोगे हाय! कब तक और यों ही तुम कहो?
अपनी नहीं तो पूर्वजों की लाज तो रक्खो अहो! ॥46॥

लो भाग अपना शीघ्र ही कर्त्तव्य के मैदान में,
हो बद्ध परिकर दो सहारा देश के उत्थान में।

डूबे न देखो नाव अपनी है पड़ी मँझधार में,
होगा सहायक कर्म्म का पतवार ही उद्धार में ॥47॥

भूलो न ऋषि-सन्तान हो अब भी तुम्हें यदि ध्यान हो—
तो विश्व को फिर भी तुम्हारी शक्ति का कुछ ज्ञान हो।
बनकर अहो! फिर कर्म्मयोगी वीर बड़भागी बनो,
परमार्थ के पीछे जगत में स्वार्थ के त्यागी बनो ॥48॥

होकर निराश कभी न बैठो, नित्य उद्योगी रहो;
सब देश-हितकारी कार्य्य में अन्योन्य सहयोगी रहो।
धर्म्मार्थ के भोगी रहो बस कर्म के योगी रहो,
रोगी रहो तो प्रेम-रूपी रोग के रोगी रहो! ॥49॥

पुरुषत्व दिखलाओ पुरुष हो, बुद्धि-बल से काम लो,
तब तक न थककर तुम कभी अवकाश या विश्राम लो—
जब तक कि भारत पूर्व के पद पर न पुनरासीन हो,
फिर ज्ञान में विज्ञान में जब तक न वह स्वाधीन हो ॥50॥

निज धर्म्म का पालन करो, चारों फलों की प्राप्ति हो,
दुख-दाह, आधि-व्याधि सबकी एक साथ समाप्ति हो।
ऊपर कि नीचे एक भी सुर है नहीं ऐसा कहीं—
सत्कर्म में रत देख तुमको जो सहायक हो नहीं ॥51॥

देखो, तुम्हें पूर्वज तुम्हारे देखते हैं स्वर्ग से,
करते रहे जो लोक का हित उच्च आत्मोत्सर्ग से।
है दुख उन्हें अब स्वर्ग में भी पतित देखे तुम्हें अरे!
सन्तान हो क्या तुम उन्हीं की, राम! राम! हरे हरे! ॥52॥

अब तो विदा कर दुर्गुणों को सद्गुणों को स्थान दो,
खोया समय यों ही बहुत अब तो उसे सम्मान दो।
चिरकाल तिमरावृत्त रहे, आलोक का भी स्वाद लो,
हो योग्य सन्तति, पूर्वजों से दिव्य आशीर्वाद लो ॥53॥

जग को दिखा दो यह कि अब भी हम सजीव सशक्त हैं,
रखते अभी तक नाड़ियों में पूर्वजों का रक्त है।

ऐसा नहीं कि मनुष्यरूपी और कोई जन्तु है,
अब भी हमारे मस्तकों में ज्ञान के कुछ तन्तु हैं ॥54॥

अब भी सँभल जावें कहीं हम, सुलभ हैं सब साज भी,
बनना बिगड़ना है हमारे हाथ अपना आज भी।
यूनान, मिस्रादिक मिटे हैं किन्तु हम अब भी बने,
यद्यपि हमारे मेटने को ठाठ कितने ही ठने ॥55॥

हे आर्य्य सन्तानो! उठो, अवसर निकल जावे नहीं,
देखो, बड़ों की बात जग में बिगड़ने पावे नहीं।
जग जान ले कि न आर्य्य केवल नाम के ही आर्य्य हैं,
वे नाम के अनुरूप ही करते सदा शुभ कार्य्य हैं ॥56॥

ऐसा करो जिसमें तुम्हारे देश का उद्धार हो,
जर्जर तुम्हारी जाति का बेड़ा विपद से पार हो।
ऐसा न हो जो अन्त में चर्चा करें ऐसी सभी—
थी एक हिन्दू नाम की भी निन्द्य जाति यहाँ कभी ॥57॥

समझो न भारत-भक्ति केवल भूमि के ही प्रेम को,
चाहो सदा निज देशवासी बन्धुओं के क्षेम को।
यों तो सभी जड़ जन्तु भी स्वस्थान के अति भक्त हैं;
कृमि, कीट, खग, मृग, मीन भी हमसे अधिक अनुरक्त हैं ॥58॥

लाखों हमारे दीन दुःखी बन्धु भूखों मर रहे,
पर हम व्यसन में डूबकर कितना अपव्यय कर रहे।
क्या देश वत्सलता यही है? क्या यही सत्कार्य्य है?
क्या लक्ष्य जीवन का यही है? क्या यही औदार्य्य है? ॥59॥

मुख से न होकर चित्त से देशानुरागी हो सदा,
हैं सब स्वदेशी बन्धु उनके दुःखभागी हो सदा।
देकर उन्हें साहाय्य भरसक सब विपत्ति व्यथा हरो,
निज दुख से ही दूसरों के दुख का अनुभव करो ॥60॥

अन्तःकरण उज्ज्वल करो औदार्य्य के आलोक से,
निर्म्मल बनो सन्तप्त होकर दूसरों के शोक से।

आत्मा तुम्हारा और सबका एक निरवच्छेद है,
कुछ भेद बाहर क्यों न हो भीतर भला क्या भेद है ॥61॥

सबसे बड़ा गौरव यही तो है हमारे ज्ञान का,
जानें चराचर विश्व को हम रूप उस भगवान का।
ईशस्थ सारी सृष्टि हममें और दर्शन दृष्टि में,
है दर्शनों में दृष्टि जैसे और दर्शन दृष्टि में ॥62॥

सबसे हमारे धर्म्म का ऊँचा यही तो लक्ष्य है,
होती असीम अनेकता में एकता प्रत्यक्ष है।
मति की चरमता या परमता है वही अब भिन्नता,
बस छा रही सर्वत्र प्रभु की एक निरवच्छिन्नता ॥63॥

भगवान कहते हैं स्वयं ही भेद भावों को तजे,
है रूप मेरा ही मुझे जो सर्व भूतों में भजे।
जो जानता सबमें मुझे, सबको मुझी में जानता;
है मानता मुझको वही, मैं भी उसी को मानता[1] ॥64॥

हे भाइयो! भगवान के आदेश का पालन करो,
अनुदान भाव-कलंक-रूपी पंक प्रक्षालन करो।
नवनीत-तुल्य दयार्द्र हो सब भाइयों के ताप में,
सब में समझकर आपको सबको समझ लो आप में ॥65॥

बस मर्म स्वार्थ-त्याग ही तो हमारे धर्म्म का,
है ईश्वरार्पण सर्वदा सब फल हमारे कर्म्म का।
निष्काम होना ही हमारा निरुपमेय महत्त्व है,
प्रभु का स्वयं श्रीमुख कथित गीता-ग्रथित यह तत्त्व है ॥66॥

---

1. इस पद्य की रचना श्रीमद्भगवद्गीता के निम्नलिखित श्लोक के आधार पर की गयी है—

यो मां पश्यति सर्व च मयि पश्यति।
तस्याहं न प्रणश्यामि स च मे न प्रणश्यति ॥
सर्व भूतस्थितं यो मां भजत्येकत्वमास्थितः।
सर्वथा वर्तमानोऽपि स योगी मयि वर्त्तते ॥

इतिहास है, हम पूर्व में स्वार्थी कभी होते न थे;
सुख-बीज हम अपने लिए ही विश्व में बोते न थे।
तब तो हमारे अर्थ यह संसार ही सुख स्वर्ग था;
मानो हमारे हाथ पर रक्खा हुआ अपवर्ग था ॥67॥

हम पर-हितार्थ सहर्ष अपने प्राण भी देते रहे,
हाँ, लोक के उपकार-हित ही जन्म हम लेते रहे।
सुर भी परीक्षक हैं हमारे धर्म्म के अनुराग के,
इतिहास और पुराण हैं साथी हमारे त्याग के ॥68॥

हैं जानते यह तत्त्व जो जन आज भी वे मान्य हैं,
चाहे बिना ही पा रहे वे सब कहीं प्राधान्य हैं।
जग में न उनको प्राप्त हो जो कौन ऐसी सिद्धि है?
उनके पदों पर लोटती सब ऋद्धियों की वृद्धि है ॥69॥

करते उपेक्षा यदि न हम उस उच्चतम उद्देश की,
तो आज यह अवनति नहीं होती हमारे देश की।
यदि इस समय भी सजग हों तो भी हमारा भाग्य है,
पर कर्म के तो नाम से ही अब हमें वैराग्य है ॥70॥

सच्चे प्रयत्न कभी हमारे व्यर्थ हो सकते नहीं,
संसार भर के विघ्न भी उनको डुबो सकते नहीं।
वे तत्त्वदर्शी ऋषि हमारे कह रहे हैं यह कथा—
"सत्यप्रतिष्ठायां क्रिया (सु-) फला श्रयत्वं" सर्वथा ॥71॥

आओ बनें शुभ साधना के साज से साधक सभी,
निज धर्म्म की रक्षा करें, जीवन सफल होगा तभी।
संसार अब देखे कि हम आज हैं पिछड़े पड़े—
तो कल बराबर और परसों विश्व के आगे खड़े ॥72॥

ब्राह्मण बढ़ावें बोध को, क्षत्रिय बढ़ावें शक्ति को;
सब वैश्य निज वाणिज्य को, त्यों शूद्र भी अनुरक्ति को।
यों एक मन होकर सभी कर्त्तव्य के पालक बनें—
तो क्या न कीर्ति-वितान चारों ओर भारत के तनें ॥73॥

ब्राह्मण

हे ब्राह्मणो! फिर पूर्वजों के तुल्य तुम ज्ञानी बनो,
भूलो न अनुपम आत्म-गौरव, धर्म्म के ध्यानी बनो!
कर दो चकित फिर विश्व को अपने पवित्र प्रकाश से,
मिट जाय फिर सब तम तुम्हारे देश के आकाश से ॥74॥

प्रत्यक्ष था ब्राह्मत्व तुम में यदि उसे खोते नहीं—
तो आज यों सर्वज्ञ तुम लांछित कभी होते नहीं।
यह द्वार द्वार न भीख तुमको माँगनी पड़ती कभी,
भू पर तुम्हें सुर जानकर थे मानते मानव सभी ॥75॥

क्षत्रिय

हे क्षत्रियो! सोचो तनिक तुम आज कैसे हो रहे,
हम क्या कहें, कह दो तुम्हीं; तुम आज जैसे हो रहे।
स्वाधीनता सारी तुम्हीं ने है न खोई देश की?
बन कर विलासी, विग्रही नैया डुबोई देश की! ॥76॥

निज दुर्दशा पर आज भी क्यों ध्यान तुम देते नहीं?
अत्यन्त ऊँचे से गिरे हा! किन्तु तुम चेते नहीं!
अब भी न आँखें खोलकर क्या तुम विलोकोगे कहो?
अब भी कुपथ की ओर से मन को न रोकोगे कहो? ॥77॥

वीरो! उठो, अब तो कुयश की कालिमा को मेट दो,
निज देश को जीवन सहित तन मन तथा धन भेंट दो।
रघु, राम, भीष्म तथा युधिष्ठिर सम न हो जो ओज से—
तो वीर विक्रम से बनो, विद्यानुरागी भोज से ॥78॥

वैश्य

वैश्यो! सुनो व्यापार सारा मिट चुका है देश का,
सब धन विदेशी हर रहे हैं, पार है क्या क्लेश का?
अब भी न यदि कर्त्तव्य का पालन करोगे तुम यहाँ—
तो पास हैं वे दिन कि जब भूखों मरोगे तुम यहाँ—॥79॥

अब तो उठो, हे बन्धुओ! निज देश की जय बोल दो;
बनने लगें सब वस्तुएँ, कल-कारखाने खोल दो।
जावे यहाँ से और कच्चा माल अब बाहर नहीं—
हो 'मेडइन' के बाद बस अब 'इण्डिया' ही सब कहीं ॥80॥

है आज भी रत्न-प्रसू वसुधा यहाँ की-सी कहाँ?
पर लाभ उससे अब उठाते हैं विदेशी ही यहाँ!
उद्योग घर में भी अहो! हमसे किया जाता नहीं,
हम छाल-छिलके चूसते हैं, रस पिया जाता नहीं ॥81॥

शूद्रो

शूद्रो! उठो तुम भी कि भारत-भूमि डूबी जा रही,
है योगियों को भी अगम जो व्रत तुम्हारा है वही।
जो मातृसेवक हो वही सुत श्रेष्ठ जाता है गिना,
कोई बड़ा बनता नहीं लघु और नम्र हुए बिना ॥82॥

रक्खो न व्यर्थ घृणा कभी निज वर्ण से या नाम से,
मत नीच समझो आपको, ऊँचे बनो कुछ काम से।
उत्पन्न हो तुम प्रभु-पदों से जो सभी को ध्येय हैं,
तुम हो सहोदर सुरसरी के चरित जिसके गेय हैं ॥83॥

साधु-सन्त

सन्तो! महन्तो! स्वामियो! गौरव तुम्हारा ज्ञान है,
पर क्या कभी इस बात पर जाता तुम्हारा ध्यान है?
वह देश चाहे सुगम हो, आवेश अति दुर्गम्य है;
सौरभ-रहित है जो सुमन वह रूप में क्या रम्य है? ॥84॥

हे साधुओ! सोये बहुत, अब ईश्वराराधन करो,
उपदेश द्वारा देश का कल्याण कुछ साधन करो।
डूबे रहोगे और कब तक हाय! तुम अज्ञान में?
चाहो तुम्हीं तो देश की काया पलट दो आन में ॥85॥

थे साधु तुलसीदास, नानक, रामदास समर्थ भी;
व्यवहृत यही पद हो रहा है आज उनके अर्थ भी।

पर वे न होकर भी यहाँ उपकार सबका कर रहे,
सद्भाव उनके ग्रन्थ सबके मानसों में भर रहे ॥86॥

कुछ वेश की भी लाज रक्खो, अज्ञता का अन्त हो,
भरकर न केवल उदर ही, तुम लोग सच्चे सन्त हो।
बाधा मिटा दो शीघ्र मन से इन्द्रियों के रोग की,
फैले चमत्कृति फिर यहाँ पर सिद्ध-मूलक योग की ॥87॥

तीर्थगुरु

हे तीर्थगुरुओ! सोच लो, कैसा तुम्हारा नाम है,
यजमान का उद्धार करना ही तुम्हारा काम है।
पर आज आत्म-सुधार के भी दीखते लक्षण कहाँ?
चेतो, उठो, फिर तुम हमारे कर्णधार बनो यहाँ ॥88॥

शिक्षित

हे शिक्षितो! कुछ कर दिखाओ, ज्ञान का फल है यही,
हो दूसरों को लाभ जिससे श्रेष्ठ विद्या है वही।
संख्या तुम्हारी अल्प है, उसको बढ़ाओ शीघ्र ही,
नीचे पड़े हैं जो उन्हें ऊपर चढ़ाओ शीघ्र ही ॥89॥

अपने अशिक्षित भाइयों का प्रेमपूर्वक हित करो–
उनकी समुन्नति से उन्हें उत्साह-युत परिचित करो।
ज्ञानानुभव से तुम न निज साहित्य को वंचित करो,
पाओ जहाँ जो बात अच्छी शीघ्र ही संचित करो ॥90॥

नेता

हे देश नेताओ! तुम्हीं पर सब हमारा भार है–
जीते तुम्हारे जीत है, हारे तुम्हारे हार है।
निःस्वार्थ निर्भय भाव से नीति पर निश्चल रहो;
''राष्ट्रेवयं जागृयाम पुरोहिताः स्वाहा'' कहो ॥91॥

कवि

करते रहोगे पिष्ट-पोषण और कब तक कविवरो,
कच, कुच, कटाक्षों पर अहो! अब तो न जीते जी मरो।

है बन चुका शुचि अशुचि अब तो कुरुचि को छोड़ो भला,
अब तो दया करके सुरुचि का तुम न यों घोंटो गला ॥92॥

आनन्ददात्री शिक्षिका है सिद्ध कविता-कामिनी,
है जन्म से ही वह यहाँ श्रीराम की अनुगामिनी।
पर अब तुम्हारे हाथ से वह कामिनी ही रह गयी,
ज्योत्स्ना गयी देखो, अँधेरी यामिनी ही रह गयी! ॥93॥
अब तो विषय की ओर से मन की सुरति को फेर दो,
जिस ओर गति हो समय की उस ओर गति को फेर दो।
गाया बहुत कुछ राग तुमने योग और वियोग का,
संचार कर दो अब यहाँ उत्साह का, उद्योग का ॥94॥

केवल मनोरंजन न कवि का कर्म्म होना चाहिए,
उसमें उचित उपदेश का भी मर्म्म होना चाहिए।
क्यों आज 'रामचरितमानस' सब कहीं सम्मान्य है?
सत्काव्य-युत उसमें परम आदर्श का प्राधान्य है ॥95॥

धैर्यच्युत को धैर्य से कवि ही मिलाना जानते,
वे ही नितान्त पराजितों को जय दिलाना जानते।
होते न पृथ्वीराज[1] तो रहते प्रताप व्रती कहाँ?
एथेंस कैसे जीतता होता न यदि सोलन[2] वहाँ? ॥96॥

---

1. हिन्दू-कुल-गौरव प्रातःस्मरणीय महाराणा प्रतापसिंह ने अकबर बादशाह के विरुद्ध स्वाधीनता की रक्षा के लिए बरसों वन में रहकर अनेक कष्ट सहन किये थे। किन्तु एक बार कौटुम्बिक दुर्दशा पर जब उनका हृदय विचलित हो गया था, तब बीकानेर के महाराजा पृथ्वीराज ने अपनी ओजस्विनी कविता में उनको एक पत्र लिखा था। उसको पढ़कर महाराणा फिर अपने पूर्व व्रत पर दृढ़ हो गये थे।
2. पुराने जमाने में ग्रीस के एथेंस नगर वाले मेगारा वालों से वैर-भाव रखते थे। एक टापू के लिए उनमें कई दफे लड़ाइयाँ हुईं पर हर दफे एथेंस वालों की ही हार हुई। इस पर सोलन नाम के विद्वान को बड़ा दुःख हुआ। उसने एक कविता लिखी। उसे उसने एक ऊँची जगह चढ़कर एथेंस वालों को सुनाया। उस कविता का लोगों के दिल पर इतना असर हुआ कि फौरन मेगारा वालों पर फिर चढ़ाई कर दी और जिस टापू के लिए यह बखेड़ा हुआ था उसे एथेंस वालों ने लेकर ही दम ली। इस चढ़ाई में सोलन ही सेनापति बनाया गया था।

संसार में कविता अनेकों क्रान्तियाँ हैं कर चुकी,
मुरझे मनों में वेग को विद्युत्प्रभाएँ भर चुकी।
है अन्ध-सा अन्तर्जगत कवि-रूप सविता के बिना,
सद्भाव जीवित रह नहीं सकते सु-कविता के बिना ॥97॥

मृत जाति को कवि ही जिलाते रस-सुधा के योग से,
पर मारते हो तुम हमें उलटे विषय के रोग से!
कवियो! उठो, अब तो अहो! कवि-कर्म की रक्षा करो,
सब नीच भावों का हरण कर, उच्च भावों को भरो ॥98॥

नवयुवक

हे नवयुवाओ! देश भर की दृष्टि तुम पर ही लगी,
है मनुज जीवन की तुम्हीं में ज्योति सबसे जगमगी।
दोगे न तुम तो कौन देगा योग देशोद्धार में?
देखो, कहाँ क्या हो रहा है आजकल संसार में? ॥99॥

जो कुछ पढ़ो तुम कार्य्य में भी साथ ही परिणत करो,
सब भक्तवर प्रह्लाद की निम्नोक्ति को मन में धरो–
"कौमार में ही भागवत धर्माचरण कर लो यहाँ,
नर-जन्म दुर्लभ और वह भी अधिक रहता है कहाँ" ॥100॥

दो पथ, असंयम और संयम हैं तुम्हें अब सब कहीं,
पहला अशुभ है, दूसरा शुभ है, इसे भूलो नहीं।
पर मन प्रथम की ओर ही तुमको झुकावेगा अभी,
यदि तुम न सँभलोगे अभी तो फिर न सँभलोगे कभी ॥101॥

धनी

धनियो! भला कब तक व्यसन की बान छोड़ोगे नहीं,
अब और कब तक अज्ञता की आन तोड़ोगे नहीं?
किंवा कृपण कब तक रहोगे लोभ को पाले हुए,
क्या तुच्छ धन वाले हुए तुम जो न मन वाले हुए ॥102॥

कमला-विलास विलोक तर चपला-प्रकाश-समान है,
धन-लाभ का साफल्य बस सत्कार्य विषयक दान है।

हा! देश का उपकार करना अब तुम्हें कब आयगा?
विद्या, कला-कौशल बढ़ाओ, धन स्वयं बढ़ जायगा ॥103॥

लाखों अपव्यय हैं तुम्हारे एक तो सद्व्यय करो,
चाहो न तुम कीर्ति तो उपकीर्ति का तो भय करो।
क्या मातृभूमि वृथा तुम्हारी विश्व में जननी बनी?
देते करोड़ों देश-हित हैं अन्य देशों के धनी ॥104॥

हम पुत्र तीस करोड़ जिससे देश वह दुःखी रहे,
अनुचित नहीं है फिर कहीं कोई हमें जो पशु कहे।
हे भाइयो! है दीन देखो, मातृ-भू मातामही,
जो बन पड़े जिससे यहाँ, है इस समय थोड़ा वही ॥105॥

शिक्षा

सबसे प्रथम कर्त्तव्य है शिक्षा बढ़ाना देश में,
शिक्षा बिना ही पड़ रहे हैं आज हम सब क्लेश में।
शिक्षा बिना कोई कभी बनता नहीं सत्पात्र है,
शिक्षा बिना कल्याण की आशा दुराशा मात्र है ॥106॥

जब तक अविद्या का अँधेरा हम मिटावेंगे नहीं,
जब तक समुज्ज्वल ज्ञान का आलोक पावेंगे नहीं,
तब तक भटकना व्यर्थ है सुख-सिद्धि के सन्धान में,
पाये बिना पथ पहुँच सकता कौन इष्ट स्थान में ॥107॥

वे देश जो हैं आज उन्नत और सब संसार से—
चौंका रहे हैं नित्य सबको नव नवाविष्कार से।
बस ज्ञान के संचार से ही बढ़ सके हैं वे वहाँ,
विज्ञान बल से ही गगन में चढ़ सके हैं वे वहाँ ॥108॥

विद्या मधुर सहकार[1] करती सर्वथा कटु निम्ब को,
विद्या ग्रहण करती कलों से शब्द को, प्रतिबिम्ब को।
विद्या जड़ों में भी सहज ही डालती चैतन्य है,
हीरा बनाती कोयले को, धन्य विद्या धन्य है! ॥109॥

1. आम।

विद्या दिनों का पथ पलों में पार है करवा रही,
विद्या विविध वैचित्र्य के भाण्डार है भरवा रही।
गति सिद्ध उसकी हो चुकी आकाश में, पाताल में;
है वह मरों को भी जिलाना चाहती कुछ काल में ॥110॥

पाया हमीं से था कभी जो बीज वर विज्ञान का,
उसको दिया है दूसरों ने रूप रम्योद्यान का।
हम किन्तु खो बैठे उसे भी जो हमारे पास था,
हा! दूसरों की वृद्धि में ही क्या हमारा ह्रास था? ॥111॥

राष्ट-भाषा

है राष्ट्रभाषा भी अभी तक देश में कोई नहीं,
हम निज विचार जना सकें जिससे परस्पर सब कहीं।
इस योग्य हिन्दी है तदपि अब तक न निज पद पा सकी,
भाषा बिना भावैकता अब तक न हममें आ सकी ॥112॥

यों तो स्व-भाषा सिद्धि के सब प्रान्त हैं साधक यहाँ,
पर एक उर्दूदाँ अधिकतर बन रहे बाधक यहाँ।
भगवान जानें देश में कब आयगी अब एकता,
हठ छोड़ दो हे भाइयो! अच्छी नहीं अविवेकता ॥113॥

स्त्री-शिक्षा

विद्या हमारी भी न तब तक काम में कुछ आयगी,
अर्द्धांगियों को भी सु-शिक्षा दी न जब तक जायगी।
सर्वांग के बदले हुई यदि व्याधि पक्षाघात की—
तो भी न क्या दुर्बल तथा व्याकुल रहेगा वातकी? ॥114॥

समय की अनुकूलता

सुख-शान्ति मय सरकार का शासन समय है अब यहाँ,
सुविधा समुन्नति के लिए है प्राप्त हमको सब यहाँ।
अब भी न यदि कुछ कर सके हम तो हमारी भूल है,
अनुकूल अवसर की उपेक्षा हूलती फिर शूल है ॥115॥

है ब्रिटिश शासन की कृपा ही यह कि हम कुछ जग गये,
स्वाधीन हैं हम धर्म्म में, सब भय हमारे भग गये।
निज रूप को फिर हम सभी कुछ कुछ लगे हैं जानने–
निज देश भारतवर्ष को फिर हम लगे हैं मानने ॥116॥

आशा

बीती नहीं यद्यपि अभी तक है निराशा की निशा–
है किन्तु आशा भी कि होगी दीप्त फिर प्राची दिशा।
महिमा तुम्हारी ही जगत में धन्य आशे! धन्य है,
देखा नहीं कोई कहीं अवलम्ब तुम सा अन्ध है ॥117॥

आशे, तुम्हारे ही भरोसे जी रहे हैं हम सभी,
सब कुछ गया पर हाय रे! तुमको न छोड़ेंगे कभी।
आशे, तुम्हारे ही सहारे टिक रही है यह मही,
धोखा न दीजो अन्त में, विनती हमारी है यही ॥118॥

यद्यपि सफलता की अभी तक सरसता चक्खी नहीं,
हम किन्तु जान रहे कि वह श्रम के बिना रक्खी नहीं।
यद्यपि भयंकर भाव से छाई हुई है दीनता–
कुछ कुछ समझने हम लगे हैं किन्तु अपनी हीनता ॥119॥

यद्यपि अभी तक स्वार्थ का साम्राज्य हम पर है बना–
पर दीखते हैं साहसी भी और कुछ उन्नत मना।
बनकर स्वयं सेवक सभी के जो उचित हित कर रहे,
होकर निछावर देश पर जो जाति पर हैं मर रहे ॥120॥

फैला निरुद्यम सब कहीं, हैं किन्तु ऐसे भी अभी–
जिनका उपार्जन भोगते हैं देशवासी जन सभी।
यद्यपि अधिक जन भाग्य को ही कोसते हैं क्लेश में–
उच्चाभिलाषा वीर भी हैं किन्तु कुछ कुछ देश में ॥121॥

है हीन शिक्षा की दशा, पर दृष्टि भी उस पर गयी;
फैला रहा है धूम हिन्दू-विश्व-विद्यालय नयी।
श्री मालवीय-समान नेता, भूप मिथलेश्वर यथा,
देशार्थ भिक्षुक बन रहे हैं धन्य हैं वे सर्वथा ॥122॥

आदर्श

यद्यपि कृपण कि अपव्ययी ही हैं धनी मानी यहाँ,
सत्कार्य में सर्वस्व के भी किन्तु हैं दानी[1] यहाँ।
देशी नरेशों की दशा यद्यपि अभी बदली नहीं,
पर सर सयाजीराव सम आदर्श नृप भी हैं यहीं ॥123॥

यद्यपि समय के फेर ने वे दिव्य गुण छोड़े नहीं,
हैं किन्तु अब भी देश में आदर्श कुछ थोड़े नहीं।
यदि जन्म लेते थे महात्मा भीष्म-तुल्य कभी यहाँ,
तो जन्मते हैं कुछ दृढ़व्रत लोकमान्य अभी यहाँ ॥124॥

श्री राममोहनराय, स्वामी दयानन्द सरस्वती,
उत्पन्न करती है अभी यह मेदिनी ऐसे व्रती!
साफल्य पूर्वक हैं जिन्होंने स्वमत-संस्थाएँ रची,
है धूम सारे देश में जिनके विचारों से मची ॥125॥

श्रीरामकृष्णोपम महात्मा, रामतीर्थोपम यती,
ऐसे जनों से आज भी यह भूमि बनती वसुमती।
द्विजवर्य्य ईश्वरचन्द्र-सम होते दयासागर यहीं,
देवेन्द्रनाथ-समान ऋषि अन्यत्र मिल सकते नहीं ॥126॥

राजेन्द्रलाल समान विद्वरत्न होते हैं यहाँ,
जगदीश और प्रफुल्ल-सम विज्ञानवेत्ता हैं कहाँ?
प्राचीन विषयक ज्ञान में भाण्डारकर से ज्ञात हैं,
गणितज्ञ बापूदेव, वार्हस्पत्य सम विख्यात हैं ॥127॥

---

1. जैसे सर तारकनाथ पालित।

नीतिज्ञ दिनकर और माधवराव-सम सम्मान्य हैं,
कानून के विद्वान् डॉक्टर घोष-तुल्य वदान्य हैं।
श्री गोखले, गाँधी-सदृश नेता महा मतिमान हैं,
वक्ता विजय-घोषक हमारे श्री सुरेन्द्र समान हैं ॥128॥

निज शक्ति भारत-भूमि ने अब भी सभी खोई नहीं,
सत्कवि रवीन्द्र-समान अब भी विश्व में कोई नहीं।
अवनीन्द्र, रविवर्मा-सदृश हैं चित्रकार होते यहीं,
प्रख्यात हैं श्री म्हातरे-सम मूर्तिकार सभी कहीं ॥129॥

गायक! पलुकर, सत्यवाला-तुल्य होते हैं अभी,
वादन-कला पर मूढ़ पशु भी भूलते सुध-बुध सभी।
खर शस्त्र-धारों पर यहाँ होता अभी तक नृत्य है,
करता विमुग्ध विदेशियों को ललित कौशल कृत्य है ॥130॥

दिन दिन नये आदर्श बहु विध हीनता को हर रहे,
हैं माइसोर-समान देशी राज्य उन्नति कर रहे।
सब प्रान्त मिलकर प्रेमपूर्वक योग देते हैं जहाँ,
हैं बन रहीं देशोपकारक सभ्य-संस्थाएँ यहाँ ॥131॥

प्राचीन और नवीन अपनी सब दशा आलोच्य है,
अब भी हमारी अस्ति है यद्यपि अवस्था शोच्य है।
कर्त्तव्य करना चाहिए होगी न प्रभु क्या की दया,
सुख-दुःख कुछ हो, एक-सा ही सब समय किसका गया? ॥132॥

विश्वास

सौ सौ निराशाएँ रहे, विश्वास यह दृढ़ मूल है—
इस आत्म लीला-भूमि को वह प्रभु न सकता भूल है।
अनुकूल अवसर पर दयामय फिर दया दिखलायँगे,
वे दिन यहाँ फिर आयँगे, फिर आयँगे, फिर आयँगे ॥133॥

विश्राम

री! लेखनी! बस बहुत है, अब और बढ़ना व्यर्थ है,
है यह अनन्त कथा तथा तू सर्वथा असमर्थ है।
करती हुई शुभकामना निज वेग सविनय थाम ले,
कहती हुई 'जय जानकी जीवन' तनिक विश्राम ले ॥134॥

शुभकामना

सबकी नसों में पूर्वजों का पुण्य रक्त-प्रवाह हो,
गुण, शील, साहस, बल तथा सबमें भरा उत्साह हो।
सबके हृद में सर्वदा समवेदना की दाह हो,
हमको तुम्हारी चाह हो, तुमको हमारी चाह हो ॥135॥

विद्या, कला, कौशल में सबका अटल अनुराग हो,
उद्योग का उन्माद हो, आलस्य-अघ का त्याग हो।
सुख और दुख में एक-सा सब भाइयों का भाग हो,
अन्तःकरण में गूँजता राष्ट्रीयता का राग हो ॥136॥

कठिनाइयों के मध्य अध्यवसाय का उन्मेष हो,
जीवन सरल हो, तन सबल हो, मन विमल सविशेष हो,
छूटे कदापि न सत्य-पथ निज देश हो कि विदेश हो,
अखिलेश का आदेश हो जो बस वही उद्देश हो ॥137॥

आत्मावलम्बन ही हमारी मनुजता का मर्म्म हो,
षड्रिपु-समर के हित सतत चारित्र्यरूपी वर्म्म हो।
भीतर अलौकिक भाव हो, बाहर जगत का कर्म्म हो,
प्रभु-भक्ति, पर-हित और निश्चल नीति ही ध्रुव धर्म्म हो ॥138॥

उपलक्ष के पीछे कभी विगलित न जीवन-लक्ष्य हो,
जब तक रहें ये प्राण तन में पुण्य का ही पक्ष हो।

कर्त्तव्य एक न एक पावन नित्य नेत्र-समक्ष हो।
सम्पत्ति और विपत्ति में विचलित कदापि न वक्ष हो ॥139॥

उस वेद के उपदेश का सर्वत्र ही प्रस्ताव हो,
सौहार्द और मतैक्य हो, अविरुद्ध मन का भाव हो,
सब इष्ट फल पावें परस्पर प्रेम रखकर सर्वथा,
निज यज्ञ-भाग समानता से देव लेते हैं यथा ॥140॥

तथास्तु

विनय
(सोहिनी)

इस देश को हे दीनबन्धो! आप फिर अपनाइए,
भगवान! भारतवर्ष को फिर पुण्य-भूमि बनाइए।
जड़-तुल्य जीवन आज इसका विघ्न-बाधा पूर्ण है,
हेरम्ब! अब अवलम्ब देखकर विघ्नहर कहलाइए ॥

हम मूक किंवा मूढ़ हों, रहते हुए तुझ शक्ति के,
माँ ब्राह्मि! कह दे ब्रह्म से सुख-शान्ति फिर सरसाइए।
सर्वत्र बाहर और भीतर रिक्त भारत हो चुका,
फिर भाग्य इसका हे विधाता! पूर्व-सा पलटाइए ॥

तू अन्नपूर्णा माँ! रमा है, और हम भूखों मरें!
कह दे जनार्दन से जगाकर दैन्य दुःख मिटाइए।
यह सृष्टि-गौरव-गज ग्रसित है ग्रह दशा के ग्राह से,
हे भक्तवत्सल! शुभ सुदर्शन चक्र आप चलाइए ॥

माँ शंकरी! सन्तान तेरी हाय! यों निरुपाय हो,
श्रीकण्ठ से कह दे कि हे हर, अब न और सताइए।

शून्य श्मशान-समान भारत हाय! कब से हो चुका,
आकर कराल, विपत्ति-विष से व्योमकेश, बचाइए ॥

सम्पूर्ण गुण-गौरव-रहित हम पतित अवनत हो चुके,
अब छोड़ निर्गुणता विभो, सत्वर सगुण बन जाइए।
सीतापते! सीतापते!! यह पाप-भार निहारिए,
अवतीर्ण होकर धर्म का निज राज्य फिर फैलाइए ॥

गोपाल! अब् वह चैन की बंशी बजेगी कब यहाँ?
आलस्य से अभिभूत हमको कर्म्म योग सिखाइए।
जिस वसुमती पर आपने बहु ललित लीलाएँ रचीं,
करुणानिधे! इस काल उसको आप यों न भुलाइए ॥

पशु-तुल्य परवशता मिटे, प्रकटे यथार्थ मनुष्यता,
इस कूपमण्डूकत्व से परमेश, पिण्ड छुड़ाइए।
जीवन गहन वन-सा हुआ है भटकते हैं हम जहाँ,
प्रभुवर! सदय होकर हमें सन्मार्ग पर पहुँचाइए ॥

वह पूर्व की सम्पन्नता, यह वर्तमान विपन्नता,
अब तो प्रसन्न भविष्य की आशा यहाँ उपजाइए।
वर मन्त्र जिसका मुक्ति था, परतन्त्र, पीड़ित है वही,
फिर वह परम पुरुषार्थ इसमें शीघ्र ही प्रकटाइए ॥

यह पाप-पूर्ण परावलम्बन चूर्ण होकर दूर हो,
फिर स्वावलम्बन का हमें प्रिय पुण्य पाठ पढ़ाइए।
"व्याकुल न हो, कुछ भय नहीं, तुम सब अमृत-सन्तान हो"
यह वेद की वाणी हमें फिर एक बार सुनाइए ॥

यह आर्य्यभूमि सचेत हो फिर कार्य्यभूमि बने अहा!
वह प्रीति-नीति बढ़े परस्पर, भीति-भाव भगाइए।
किसके शरण होकर रहें? अब तुम बिना गति कौन है?
हे देव! वह अपनी दया फिर एक बार दिखाइए ॥

शुभम्